라스트 코인

사라지는 99% 암호화폐, 살아남을 1%를 찾아라

라스트 코인

초판 1쇄   2018년 7월 5일

지은이   함정수·송 준
펴낸이   전호림
책임편집   오수영·임경은
마케팅   박종욱·김혜원
영업   황기철

펴낸곳   매경출판㈜
등록   2003년 4월 24일(No. 2-3759)
주소   (04557) 서울시 중구 충무로 2(필동1가) 매일경제 별관 2층 매경출판㈜
홈페이지   www.mkbook.co.kr
전화   02)2000-2642(기획편집) 02)2000-2636(마케팅) 02)2000-2606(구입 문의)
팩스   02)2000-2609   **이메일**   publish@mk.co.kr
인쇄·제본   ㈜M-print   031)8071-0961
ISBN   979-11-5542-873-3(03320)

이 도서의 국립중앙도서관 출판예정도서목록(CIP)은 서지정보유통지원시스템 홈페이지(http://seoji.nl.go.kr)와
국가자료공동목록시스템(http://www.nl.go.kr/kolisnet)에서 이용하실 수 있습니다.
(CIP제어번호: CIP2018018900)

THE LAST COIN

라스트 코인

함정수 · 송 준 지음

매일경제신문사

화려함에 가려진
암호화폐의 진실

이 책은 암호화폐 투자를 위한 책도 아니고 기술적인 내용을 다루는 책도 아니다. 그렇다고 암호화폐를 부정하는 글은 절대 아니다. 암호화폐 시장의 진실을 담은 책이다. 암호화폐는 이미 세상에 태어나버렸고 우리 삶에 깊게 뿌리내렸다. 이를 가장 똑똑하게 활용하려면 암호화폐를 만든 사람도 생각지 못했던 진실과 직면해야 한다.

2016년 여름, 미국 유학시절 필자는 블록체인과 암호화폐에 푹 빠졌다. 특히 4차 산업혁명의 토대가 되는 보안기술인 블록체인에 매료됐다. 틈틈이 아마존에서 블록체인과 암호화폐 서적을 주문했고, 강의가 끝나면 곧바로 도서관에서 관련 서적을 읽었다. 그중 MIT 연구팀이 집필한 블록체인 책을 가장 좋아했다. 손바닥 크기에 큼지막한 글씨로 누구나 이해하기 쉽게 설명돼있었기 때문이다.

　그 책을 읽은 지 두 시간이 조금 넘었을 때였다. 블록체인이 이해되기 시작했다. 블록체인이란 하나의 네트워크에서 일어난 정보를 암호화해 구성원들끼리 공동으로 관리하는 분산장부 기술이다. 이를 상업적으로 활용하면 경제에 신뢰라는 개념을 부여해 초과적인 가치를 창출할 수 있었다. 즉, 외환송금 업무에 블록체인을 접목하면 전산오류나 실수가 생겨 혼선을 겪는 일이 없다. 의료기록이나 사고기록에 블록체인을 접목하면 의료사기가 방지된다. 사고차량을 무사고로 속여 파는 사기행각도 막을 수 있다. 우리가 의심해야 했던 모든 것을 블록체인에 담으면 서로가 서로를 절대 속일 수 없는 신뢰경제가 등장한다.

　블록체인이 이해되고 나니 블록체인의 연료인 암호화폐에 대해서도 이해가 됐다. 블록체인 중에서도 불특정 다수가 참여하는 '퍼블릭 블록체인'은 암호화폐가 없으면 전혀 운영되지 않는다. 블록체인에 참여할 때는 컴퓨터, 전기세, 시간 등 비용이 발생한다. 이에 대한 보상인 암호화폐가 없다면 사람들은 퍼블릭 블록체인에 경쟁적으로 참여하지 않을 것이고, 안전하게 장부를 관리하기 어려워진다. 이렇게 암호화폐는 블록체인에 참여하는 데 사용된 기회비용에 약간의 마진이 더해져 자유시장에서 거래된다. 암호화폐의 조상격인 비트코인과 라이트코인 등 1세대 암호화폐가 그러했다.

　시간이 지나면서 암호화폐가 비정상적으로 탄생하고 있다는 불안감을 지울 수가 없었다. 초기에 블록체인은 금융거래의 대체 수단으로 활용됐고, 암호화폐는 단지 장부관리에 대한 보상이자 가치 지불수단이었다. 그러다 점차 투표, 스마트 계약, 신용관리 등 부가적인 기능까지 기록될 수 있는 종합적인 플랫폼으로 성장하며 암호화폐의 쓰임이 다양해졌고 ICO라는 자금조달 방법의 탄생으로 암호화폐가 우후죽순 만들어지기 시작했다. 암호화폐 스타트업은 아이디어 하나로 수백억 원을 투자받았고, 가파른 성장을 보였다. 시장이 과열되면서 간단한 코드로 만들 수 있는 토큰은 이름만 바꿔 수천 종류나 시장에 내던져졌다. 이같이 무분별한 암호화폐의 투자와 탄생을 보고 '이렇게 많은 코인들이 필요할까?'라는 질문이 자연스레 들었다.

몇 주간의 밤을 꼬박 세며 셀 수없이 많은 백서와 오픈소스 개발코드를 일일이 살펴보았다. 그리곤 대부분의 암호화폐에 열광할 이유가 전혀 없다고 결론지었다. 대다수의 코인이 제대로 만들어지지도, 운영되지도 않을 것이라고 확신했기 때문이었다. 현존하는 암호화폐의 진실을 깨달았다. 수만 개의 암호화폐는 절대 필요하지 않다. 아직 수천, 수조 원의 가치를 부여할 암호화폐도 결코 많지 않다.

블록체인과 암호화폐를 처음 접했을 때에는 기술의 무궁무진한 가능성에 매료됐다. 허나, 현재 시장에는 암호화폐로 한탕 해보겠다는 사람이 눈에 띄게 많다. 친분이 있는 미국계 암호화폐 개발자도 자신이 세상에 내놓은 코인이 왜 이 정도 가치와 평가를 받는지 모르지만 상황을 즐기고 있다고 말한다. 현재 형성된 암호화폐의 시가총액에는 아무런 평가기준도 근거도 없다.

필자는 블록체인 개발자다. 블록체인을 디자인하고 개발하며 스마트 계약의 활용을 연구한다. 블록체인 플랫폼을 기획하면서 코인회사가 감추는 어두운 진실을 볼 수 있었다. 암호화폐에 대해 나름대로 정립한 이론도 생겼다. 그걸 독자들과 나누려고 한다.

본격적으로 책을 시작하기 전에 암호화폐는 좋은 블록체인이 성장하는 데 소비되는 연료라는 것을 말하고 싶다. 암호화폐가 있기에 훌륭한 블록체인 프로젝트가 유지되고 발전하며 유용하게 활용될 수 있다. 좋은 블록체인은 암호화폐라는 보상체계가 있어 안전하게 관리되고 발전한다. 그래서 사람들은 대부분의 암호화폐와 블록체인은 떼려야 뗄 수 없다고 말한다. 하지만 모든 암호화폐가 필요한 것은 아니다. 아니, 정확히 말해 현존하는 대부분의 암호화폐는 필요에 의해 만들어지지 않았다. 그렇기에 모든 암호화폐가 무조건 쓸모 있고 가치 있다고 생각하면 안 된다.

이 글을 읽고 있는 당신, 유망하다는 암호화폐를 1초의 의심 없이 구입해봤을 당신, 암호화폐를 분류하거나 평가해본 기억이 있는가? 열에 한 둘을 제외하곤 없을 것이다. 암호화폐가 가져다주는 단기적인 수익률에 눈이 멀어 비판적으로 생각하거나 의심한 적은 없다. 그러다 보니 지금 시중에는 소위 '쓰레기 암호화폐'가 흘러넘친다. 쓰레기 암호화폐를 구입해 엄청난 손실을 입은 사람도 흘러넘친다. 반면 서점에는 이들을 조롱하듯 암호화폐로 수억을 벌었다는 사람이나 블록체인을 맹신하는 책으로 가득하다. 사람들은 조금이라도 정보를 얻고 싶어 영양가 없는 책을 구입한다. 이는 읽어도 크게 도움 되지 않는다. 어떤 사람들은 유튜브에서 강연을 듣는다. 유명한 코인을 구입해야 하고 특정 ICO에 참여해야 한다는 비전문가의 근거 없는 주장을 일방적으로 배운다. 미디어는 암호화폐 전문채널을 운영하며 투기를 조장하고, 거래소는 돈 받고 코인을 상장시킨다. 저마다 다른 목적과 수준을 가진 사람들이 암호화폐를 덥석 구입하고 있다. 유명인이 거론하거나 새로워 보이면 가치 있다고 믿는다.

과연 그럴까. 지금까지 암호화폐를 공부하고 블록체인을 직접 설계한 경험에 따르면, 현존하는 대부분의 암호화폐는 쓰레기다. 암호화폐는 쓰임이 없으면 아무런 가치가 없다. 쓰임이 없으면 암호화폐는 0과 1 숫자로 이루어진 암호화된 코드일 뿐이다. 그러나 암호화폐의 진실을 파악하고 몇 가지 관점만 제대로 적용하면 누구나 좋은 암호화폐를 쉽게 찾아낼 수 있다. 사람들은 암호화폐를 있는 그대로 보기 두려워해 암호화폐 공부도 투자도 모두 실패하는 것이다.

이 책은 사람들이 암호화폐를 쉽고 단순하게 이해할 수 있도록 쓰여졌다. 앞서 언급했듯 모든 암호화폐가 가치 있는 것은 아니다. 가치 있다고 믿고 싶은 것이지, 실체를 알면 누구나 현존하는 99%의 암호화폐가 필요 없다는 것을 쉽게 깨달을 수 있다. 필요 없는 것을 구매할 이유는 없으며, 거래할 이유는 더더욱 없다.

2017년부터 필자는 수차례 암호화폐 강의를 했다. 제목은 '현존하는 암호화폐의 99%가 사라진다'였다. 적게는 10명, 많게는 300명이 넘었다. 수강생 연령대는 20대부터 60대까지였고, 직업도 학생부터 대기업 CEO까지 다양했다. 이를 통해 암호화폐에 대한 한국인들의 열정을 확인할 수 있었다. 암호화폐를 구입하고, 공부하고, 기존 사업에 활용하려는 욕구가 넘쳤다. 이 책은 그 강의를 토대로 했다. 앞서 언급했듯 이 책은 암호화폐에 대한 진실을 밝히는 고해성사다. 블록체인의 거창한 이론 혹은 암호화폐로 돈 버는 방법을 설명하는 책이 아니다. 암호화폐의 포장을 벗겨 있는 그대로 받아들이는 방법을 알려주는 것이다. 그리고 암호화폐 시장의 발전 방향을 기록한 나침반이다.

암호화폐 투자경력 2년과 블록체인 플랫폼을 개발하며 배운 경험과 진실을 이 책에 담았다. 장담컨대, 이 책을 처음부터 꼼꼼하게 한 번 읽으면 암호화폐의 환상을 없앨 수 있다. 포장지를 벗겨내면 화려함에 감춰진 암호화폐의 본 모습이 보인다. 그리고 두 번 읽으면 쓰레기 암호화폐를 바로 알아볼 수 있게 된다. '이 암호화폐도 곧 사라지겠네?' 고개를 갸웃갸웃하면서 컴퓨터를 켜고 사둔 코인을 처분하게 된다.

세 번은 필요 없다. 두 번째 독서에서 쳐놓은 밑줄만 다시 보면 된다. 그때부터 이 책은 참고서가 아니라 원리를 담은 진실서가 된다. 필자가 말하지 않았는가, 대부분의 암호화폐는 쓰레기라고. 진실은 간단하고 전혀 어렵지 않다. 밑줄 친 문장이든, 아니면 꼼꼼하게 만든 요약노트든, 간략하게 정리된 그 진실을 옆에 두고 수시로 읽어보라. 암호화폐를 제대로 이해한 사람이라면, 그때부터는 이 책이 필요 없다. 좋은 암호화폐가 보이고 시장의 흐름이 이해되기 때문이다.

보물을 찾으러 무인도에 떠난 사람이 우연히 보물지도를 발견했다. 무엇을 하겠는가. 당연히 지도를 보고 보물을 찾아야 한다. 그다음에는 무엇을 해야 하는가. 지도가 고맙다고 평생 들고 있어야 하나? 정답은 '지도를 팽개친 후 보물을 들고 훌훌 떠난다'다. 이 책을 읽는 방법도 명확하다. 읽고, 진실을 마주하고, 가볍게 팽개쳐라.

함정수, 송 준

목차

PART 3　어떤 암호화폐가 살아남을 것인가

PART 1

현존하는 암호화폐
99%가 사라진다

암호화폐 포장지를 벗겨내자

대중은 암호화폐를 옆에서 지켜보기만 한다. 그 가운데 투자자는 암호화폐를 실제 거래하는 사람이다. 관심이 있어야 투자를 하고 투자를 해봐야 공부하기 시작한다. 이 세 문장을 보고 고개를 끄덕끄덕한 당신은 암호화폐에 관심이 있는 사람, 그중에서도 배워가며 투자하는 똑똑한 암호화폐 투자자다.

투자자는 투자를 잘해서 큰돈을 벌고 싶다. 가능한 한 좋은 선택으로 인생역전하고 좋은 집도 사고 싶다. 그러나 좋은 투자는 쉽지 않다. 어떤 사람은 지난달에 10배 수익을 보았는데, 어떤 사람은 원금을 잃은 지 오래다. 또한 거래창의 급격한 가격변동을 보다보면 어느 순간 암호화폐 투자가 뭔지 모르게 된다. 차트분석도 의미 없게 느껴지고 가치투자는 더더욱 어렵다고 생각한다. 투자자는 '투자가 이렇게 어려운 줄 알았다면 대학에서 금융학이나 경제학을 전공할 걸' 후회도 해본다.

여기까지 읽었다면 당신은 '적극적인 암호화폐 투자자'가 될 자격이 있다. 암호화폐에 대해 전혀 알지 못한 채 돈을 쏟아 붓는 피해자가 아니라 당당히 시장에서 암호화폐의 본질을 말할 수 있는 투자자가 될 수 있다. 그런데 암호화폐의 속살을 보는 건 어렵다. 누군가가 암호화폐를 괴상하게 포장했기 때문이다.

대부분 투자해보려고 거래소에 들어가면 겁부터 먹고 이런 생각을 한다. '나는 암호화폐를 만들어본 적도 없고 블록체인 기술에 대해서도 모른다. 허나, 사람들이 시장에 열광하는 것을 보면 분명히 내가 알지 못하는 장점과 가능성이 있을 것이다. 하루가 다르게 가격이 오르니 잘만하면 단기적인 수익도 쏠쏠할 수 있다. 채굴자라는 사람이 엄청난 비용과 컴퓨터를 사용해서 암호화폐를 채굴한다고 하니 암호화폐는 분명 어려운 개념이다. 만드는 일도 상당한 노력이 들 것이다. 나는 복잡한 코드와 알고리즘을 전혀 모르는데 암호화폐를 완벽하게 알고 투자한다니, 이 얼마나 어려운 일인가.'

또는 이런 생각을 한다. '암호화폐 투자는 존버가 답이다. 과거 시장을 보니 암호화폐를 사서 몇 달, 몇 년 기다리기만 하면 가격이 올랐다. 또한 모든 암호화폐가 처음부터 완벽하게 출시되는 것도 아니다. 개발진이 최선을 다해 개발에 임하고 있으니 장기적으로 가치가 올라갈 것이다. 암호화폐 회사들도 블록체인과 부가서비스가 꾸준히 발전하고 있다고 말하지 않는가. 그 유명한

17

비트코인도 매년 업데이트됐다고 들었다. 암호화폐와 블록체인은 잘 모르지만 일단 가격이 오를 것 같으니 투자해도 큰 문제없을 것 같다. 암호화폐 투자를 일찍 시작한 지인은 많은 돈을 벌고 슈퍼카도 타고 있다. 그런 차를 탈 수 없으니 한편으로는 부럽고 답답하지만 나도 몇 년 후에는 똑같이 될 수 있으니, 오를 것 같은 종목을 추천받고 리스크 높은 ICO 투자도 고려해봐야겠다.'

이는 모두 틀린 생각이다. 암호화폐 투자자는 투자하기 전에 암호화폐에 대해 전면적으로 다시 생각해봐야 한다. 우리는 종종 서로 다른 미래를 향해가고 있는 별도의 개념들을 일률적인 기준으로 이해하려 한다. 어느 순간부터 블록체인, 암호화폐, 비트코인, 거래소와 같은 독립적인 개념을 비빔밥처럼 뒤섞어 버렸다. 동시에 암호화폐가 도저히 종잡을 수 없는 대상이 되어버렸다. 그 덕분에 암호화폐 투기를 견제해야 하는 정부는 미래 기술 발전을 저해할 수 있다는 논리에 막혀 거래소가 주도한 전국적인 투기열풍을 방관하고 말았고, 우리는 '모든 암호화폐가 가치 있다', '암호화폐는 혁신이다', '암호화폐를 오래 소유하면 부자가 된다' 등의 잘못된 프레임에 갇히게 되었다.

암호화폐를 다시 생각해보자. 암호화폐는 물리적인 실체가 없이 디지털 장부에 기록된 숫자에 불과하다. 본질적으로 0과 1로 이루어진 일련의 코드다. 실체가 없는 데이터인 암호화폐를 거래하고, 거기에 섣불리 가치를 부여한 건 우리다. 아직까지 암호화폐의 실제적인 가치인 '실질가치'를 완벽하게 평가하는 기준은 그 어디에도 없다. 대부분의 암호화폐는 특정 블록체인 내에서 사용되는데, 각각의 블록체인이 완벽히 개발되지 않은 데다가 아직 실물경제와 연결되지 않았기 때문이다. 실제로 쓰임이 없다는 말이다. 정리하자면 현 상황의 가장 심각한 문제는 쓰임이 없는 암호화폐에 근거 없는 가치를 부여하고, 하루가 멀다 하고 더 높은 가격을 책정하는 시장 속 과열현상이다.

이번 파트에서는 '왜 현존하는 99%의 암호화폐가 사라지는지' 설명하려고 한다. 다시 강조하지만 필자는 블록체인을 부정하지도 않고 모든 암호화폐가 신기루라고 생각하지도 않는다. 오히려 그 반대다. 블록체인이라는 신기술이 우리 삶에 가져올 긍정적인 가능성을 강하게 믿는다. 암호화폐를 활용한 해외송금을 자주 이용해서 암호화폐의 유용성도 조금씩이나마 경험하고 있다. 따라서 암호화폐라는 아이디어 그리고 암호화폐를 탄생시킨 블록체인이라는 아이디어는 세계 경제에 신선한 바람을 불어넣을 것이라 확신하고 있다. 하지만 현존하는 모든 암호화폐를 무조건적으로 맹신하고, 시장이 투기판으로 치닫는 현상에는 분명한 문제가 있다고 본다. 전문투기꾼과 타락한 암호화폐 관련 종사자가 모든 일의 근본적인 원인이지만, 이 같은 현상에 이성을 버리고 감정적으로 동참하고 있는 우리도 문제다.

암호화폐의 포장지를 벗겨내야 하는 이유는 매우 단순하다. 현존하는 대부분의 암호화폐가 스캠Scam이거나 필요에 의해 탄생하지 않았기 때문이다. 사기를 목적으로 암호화폐를 발행했거나,

블록체인에 대한 이해 없이 암호화폐를 먼저 탄생시켰다는 말이다. 필요 없는 건 가치 있을 수 없다. 따라서 이해관계가 얽힌 암호화폐 개발자, 채굴자, 관련 언론, 거래소가 어렵고 번지르르한 말로 암호화폐를 포장해도 절대로 속으면 안 된다. 현존하는 대부분의 암호화폐는 성공적으로 상용화되기 어렵거나 사용해볼 물리적인 공간(플랫폼)도 없다. 더 나아가 미래에는 정부가 특정 암호화폐를 금지할 수도 있고, 암호화폐끼리의 경쟁에서 밀려나갈 수도 있다. 무엇이 언제 사라질지 모르는 상황에서 아무 암호화폐나 무턱대고 구입하는 건 옳지 않다. 암호화폐도 돈이다. 쓰임이 있어야 가치가 있다. 쓸모없고 필요 없는 암호화폐는 언젠가 사라진다.

믿기 싫은 사람도 있겠지만, 다가오는 2020년 전에 현존하는 대부분의 암호화폐는 시장에서 사라질 수도 있다. 그리고 소수만이 남아 새로운 암호화폐 생태계를 꾸려나갈 것이다. 사라진 암호화폐는 가격이 '제로'로 수렴하고, 살아남은 암호화폐는 실질가치를 지니게 될 것이다.

이 내용은 돈을 번 경험이 있는 암호화폐 투자자라도 일단 받아들였으면 한다. 암호화폐로 큰돈을 잃은 투자자라면 무조건 외워야 할 것이다.

- 암호화폐는 어렵고 복잡한 기술이라는 환상을 최대한 빨리 버려야 한다. 모든 암호화폐가 무조건 가치 있고 가격이 오를 것이라고 생각해서도 절대 안 된다.

- 암호화폐는 동전이나 지폐와 같은 물리적인 실체가 없다. 암호화폐를 가지고 있다는 것은 누가 얼마를 지니고 있는지 나타내는 장부에 0이 아닌 숫자가 적혀있다는 이야기다. 암호화폐를 송금한다는 말은 이 장부에 변화를 기록한다는 것이다.

- 현재 암호화폐의 실질가치를 정확히 평가하는 기준은 존재하지 않는다. 모든 블록체인 프로젝트는 미완성인 경우가 많으며, 비트코인조차 꾸준히 개선되고 있다. 프로젝트의 성공 여부를 암호화폐 발행으로 결정짓는 건 지나치게 이른 판단이다. 쓰임이 없고 필요성이 설명되지 않는 암호화폐는 사라진다.

02

토큰은 가장 위험한 암호화폐

아마 암호화폐를 듣지도, 보지도 못한 사람은 없을 것이다. 그만큼 암호화폐는 많은 대중에게 알려졌다. 언론에서 흔히 '가상화폐'라고 잘못 일컫는 암호화폐는 달러나 원화 같은 법정화폐처럼 실물이 존재하지 않는다. 대신, 블록체인 네트워크를 기반으로 온라인상에서 거래되고 현금화되는 결제수단이다.

구분	위조 및 변조 가능 여부	암호화 기술 적용 여부
가상화폐	O	△
암호화폐	X	O

암호화폐는 대한항공의 마일리지, 아프리카TV의 별풍선이나 과거 싸이월드에서 사용하던 도토리와 유사하다. 이처럼 암호화폐는 특정 네트워크 사용자까지 주고받을 수 있는 디지털화폐로, 거래기록을 포함한 모든 정보가 암호화되기 때문에 암호화폐라고 부른다. 암호화폐는 가상화폐와 달리 모든 정보가 암호화되고 다수가 공동으로 관리하는 블록체인에 담긴다. 가상화폐는 핵심 주체가 원하는 만큼 발행하고 소멸시킬 수 있는 반면, 암호화폐는 누구도 쉽게 위조할 수 없다는 분명한 차이점이 있다.

암호화폐를 분류하는 가장 대표적인 방법은 코인과 토큰으로 나누는 것이다. 언론에서는 종종 코인과 토큰을 같은 의미로 사용하곤 한다. 블록체인과 암호화폐가 신기술 분야이기 때문에 용어가 기술의 발전에 뒤처지는 자연스러운 현상이다. 암호화폐 시장 내 용어는 필요에 따라 만들어지고 발전하기에 그 사용과 의미가 완벽하지는 않다. 그러나 코인과 토큰은 몇 가지 분명한 차이점을 지닌다.

암호화폐 종류	발행방법	사용처
코인	채굴PoW, PoS 초기판매량Premined	자체 블록체인 자체 블록체인 산하 dAPP 블록체인 플랫폼(확장 응용)
토큰	이더리움 토큰발행 ICOInitial Coin Offering	특정 dAPP 미래에 등장할 블록체인

코인은 자체 블록체인을 보유하고 거래기능에 집중하는 암호화폐다. 비트코인Bitcoin과 라이트코인Litecoin 그리고 대시Dash가 대표적이다. 코인 중에서 비트코인과 이더리움을 제외한 나머지 코인을 대체코인 혹은 알트코인Altcoin이라고 부른다. 코인은 중앙관리자 없이 개인 간 결제를 목표하기 때문에 보다 안전하고, 빠르고, 값싼 시스템을 추구한다. 반면 토큰은 자체 블록체인을 보유하지 않고 특정 블록체인을 기반으로 한 dAPP에서 사용되는 암호화폐다.

코인 종류	자체 블록체인 여부	이용자수(지갑수)
비트코인&이더리움(코인)	O	2,000만 명 이상
알트코인Altcoin	O	2,000만 명 이하

분산화 플랫폼이란 블록체인 네트워크에서 작동되는 카카오톡과 같은 애플리케이션이다. 모바일 지갑 플랫폼 오미세고Omisego, OMG와 암호화폐 거래소 토큰 바이낸스Binance가 대표적으로, 토큰 고유의 플랫폼 내에서 사용되기 위해 만들어졌다. 오미세고는 오미세고 플랫폼에서만 사용할 수 있고, 바이낸스 토큰BNB은 바이낸스 플랫폼에서만 사용할 수 있다는 이야기다.

구분	분산화 여부	토큰사용 여부
분산화 어플리케이션dAPP	O	O
일반 어플리케이션APP	X	X

물론 코인과 토큰의 성질을 모두 갖고 있는 암호화폐도 있다. 블록체인 서비스를 제공하는 확장 응용 플랫폼의 암호화폐로 이더리움Ethereum, 네오NEO, 웨이브Waves가 대표적이다. 이들의 블록체인을 사용하기 위해서는 각각의 암호화폐를 활용해야만 한다. 이더리움 플랫폼을 이용하고 싶은 사용자는 이더리움을 구입해 이더리움 지갑에 옮긴 뒤에 사용해야 한다. 확장 응용 플랫폼의 암호화폐는 블록체인 참여자가 많아 신뢰할 수 있고, 이용층이 넓어 비트코인처럼 결제수단으로 사용할 수 있다는 점에서 기존 코인보다 우수하다고 평가될 수 있다. 이들은 코인과 토큰의 성격을 띠지만, 자체 블록체인을 지녔고 토큰처럼 한정된 플랫폼에서 이용하는 데 국한되어있지 않아 코인으로 분류된다.

코인과 토큰은 발행과정에서도 차이가 있다. 코인은 대부분 채굴되어 발행된다. 비트코인, 라이트코인, 대시, 모네로 등을 발행하기 위해서는 자체 블록체인을 다운받고 채굴기를 이용해 암호화폐를 채굴해야 한다. 그리고 암호화폐를 채굴하는 과정에서 블록체인 네트워크가 튼튼해지고 안전해지는 효과도 얻는다. 채굴자는 채굴을 위한 연산력을 제공해 암호화폐를 보상받고, 블록체

현존하는 암호화폐 99%가 사라진다

구분	블록체인 사용가능 여부	dAPP 사용가능 여부
비트코인	O	X
토큰	X(자체 블록체인이 없음)	O
이더리움, 네오, 웨이브 (확장 응용 플랫폼)	O	O

인은 채굴자 덕분에 해킹의 위험을 줄여 신뢰를 높이는 윈윈 거래다. 코인은 정해진 알고리즘대로 채굴되기에 공급량이 정해져 있다. 그리고 채굴이라는 발행과정을 거치기 때문에 코인 하나를 만들어내는 데 시간, 전기세 등 비용이 소모된다.

반면 토큰은 채굴 방식이 아니다. ICO를 통해 미리 만들어진 양이 세상에 뿌려진다. 토큰회사가 만들고 싶은 dAPP에서 사용될 암호화폐(선불토큰)를 미리 공급하는 것이다. 예를 들어, 바이낸스 암호화폐 거래소에서 활용되는 바이낸스 토큰은 총 2억 개가 만들어졌고 1억 개는 ICO를 통해서 시장에 판매됐다. 바이낸스 토큰을 발행하는 데는 큰 비용이 들어가진 않지만, 토큰을 활용할 수 있는 플랫폼을 개발하고 성장시키는 데 비용이 발생한다. 바이낸스 회사는 바이낸스 토큰이 활용될 수 있는 바이낸스 거래소를 만들고 발전시키는 데 인건비, 개발비 등의 비용을 지출한다는 이야기다.

그렇게 출시된 플랫폼에서는 토큰을 사용할 수 있다. 플랫폼에서 사용될 서비스에 대한 권리 혹은 사용료라는 관점에서 토큰은 'dAPP' 혹은 '블록체인 플랫폼'에 대한 선수금으로도 볼 수 있다. 이더리움, 네오와 같은 암호화폐(코인)는 채굴도 가능함과 동시에 미리 만들어진 양을 ICO로 공개했다. ICO를 통해서 블록체인 플랫폼을 구축하기 위한 자금을 우선 확보하고, 블록체인을 곧바로 출시해 코인처럼 채굴도 가능하게 만들었다. 채굴부터 시작한 비트코인과는 대조되지만, 이들은 ICO를 적절하게 사용해 사용자를 미리 확보할 수 있었다. 코인과 토큰은 이렇듯 발행과정에서도 분명한 차이를 지닌다.

현재 암호화폐 시장에는 엄청난 양의 코인과 토큰이 뒤섞여있다. 코인마켓캡CoinMarketCap에 공식적으로 집계되는 암호화폐만 해도 1,600종이 넘으며, 비공식적으로 집계되는 암호화폐까지 포함하면 약 1만 개가 넘는다. 필자는 매 강연에서 2020년 전까지 1만 개가 넘는 암호화폐 중에서 99%의 암호화폐, 즉 9,900개가 사라지고 100개 정도가 남는다고 이야기해왔다. 그리고 코인과 토큰 중에서 사람들이 많은 기대를 하는 토큰의 위험성에 대해 강조해왔다.

그럼 왜 코인보다 토큰이 위험할까? 코인은 이미 블록체인이 존재하고, 사용자가 많아질수록 쓰임이 생기며, 채굴자가 가격을 지탱해준다는 특성을 지닌다. 이 때문에 블록체인이 존재하는 한 코인은 활용도와 기본가치를 지닌다. 반면, 토큰은 플랫폼이 나오지 않으면 사용할 수 없으며 토큰의 가치를 보증해주는 채굴자도 없다는 확실한 리스크를 지닌다. 게다가 현재 암호화폐 시장의 사기꾼들이 다단계사기Pyramid Scheme, 폰지사기Ponzi Scheme, 먹튀Eat and Run를 행하는 데 사용하는 암호화폐가 토큰이라는 사실도 리스크를 높인다. 사기꾼들이 토큰을 사용하는 이유는 블록체인을 직접 구축하고, 채굴자들을 모집하고, 암호화폐를 발행해야 하는 코인과 달리 발행방법이 무척 쉽기 때문이다. 토큰은 확장 응용 플랫폼을 바탕으로 만들고 대부분 이더리움의 ERC20이라는 표준화된 양식을 활용하기 때문에 쉽고 빠르게 발행할 수 있다. 그리고 만들어진 토큰이 사용될 dAPP에 대한 설명만 붙이면 시장에서는 가치 있다고 여긴다. 이런 시장의 관행이 우리의 눈을 멀게 한다.

토큰을 비유하자면 대량생산이 가능한 플라스틱 동전에 '해피머니'라고 써서 해피머니 가맹점에서 사용하고, 신세계상품권이라 써서 신세계백화점에서 사용하고, 문화상품권이라 써서 서점에서 사용하는 것과 같다. 결국 같은 ERC20 표준으로 만들어낸 토큰을 사용될 플랫폼 이름과 사용처만 다르게 해 시장에서 거래하는 게 현실이다.

더 심각한 점은 신세계백화점이 지어지지도 않았는데 신세계상품권이 먼저 발행된다는 사실이다. 사람들은 언제 어떻게 만들어질지 모르는 신세계백화점을 기다리고 상품권을 사용할 날만을 기다리며 이를 거래하는 것이다. 토큰이 위험한 이유는 그 가치를 보증해주는 주체(플랫폼)가 없으며 토큰을 사용할 신세계

백화점이 제대로 만들어지고 있는지 혹은 정말 만들어질 수 있는지 확인할 방법이 없기 때문이다. 비트코인으로 시작해 알트코인 그리고 토큰으로 이어진 탄생배경을 이해하면 토큰이라는 게 어떤 암호화폐인지 그리고 왜 문제가 많은지 확실하게 이해할 수 있다.

- 암호화폐는 토큰과 코인으로 분류된다. 코인은 자체 블록체인을 보유한, 토큰은 자체 블록체인을 보유하지 않은 암호화폐를 말한다. 토큰이 자체 블록체인을 가지면 코인으로 분류되지만, 특정 플랫폼에서만 사용될 때에는 토큰으로 부르는 암호화폐도 존재한다.

- 코인의 발행방법은 채굴이며 토큰은 채굴이 아닌 미리 발행한 양을 시장에 공급한다. 채굴하는 데 비용과 시간이 들어가는 코인과 달리 토큰은 컴퓨터 코드로 원하는 만큼 발행할 수 있다. 이 때문에 블록체인을 만든 뒤에 채굴하는 코인보다 효율적으로 발행 가능한 토큰을 사용하는 추세다. 토큰을 먼저 만들고 자체 블록체인을 만들어 코인으로 바꾸는 경우도 있다.

- 토큰이 위험한 이유는 원가가 없으며, 토큰이 사용될 플랫폼이 없으면 토큰의 가치가 전혀 없기 때문이다. 현재 토큰 가격은 플랫폼 형성에 대한 기대감이 반영되어 있다.

03

암호화폐 발전과 토큰의 탄생

1세대 암호화폐, 비트코인의 탄생

세계 최초의 암호화폐는 2009년에 탄생한 비트코인이다. 비트코인은 사토시 나카모토라는 정체불명의 프로그래머가 만든 것이다. 2009년 그는 Bitcoin.org라는 웹사이트에 블록체인을 기반으로 한 결제시스템 비트코인을 12장짜리 백서에 담아 공개했다. 그리고 곧바로 비트코인을 발행하고 거래하는 프로그램 '비트코인 코어'를 출시했다. 비트코인 코어 참여자는 자신의 컴퓨터와 블록체인을 연결해 비트코인을 채굴한다. 채굴이란 블록체인의 블록을 만들고 거래정보를 암호화해 체인처럼 연결해 기록하는 일이다. 모든 거래기록이 담기는 단위, 블록을 만드는 컴퓨터는 채굴에 대한 보상으로 비트코인을 받는다. 비트코인의 거래정보는 암호화되어 익명성이 유지되는 특성을 지니는데, 이 때문에 초기에는 마약거래 등 음지에서 주로 이용됐다.

　시장은 비트코인을 1세대 암호화폐로 분류한다. 1세대 암호화폐는 중앙관리자 없이도 거래하는 기능에 집중할 수 있다. 즉, 중앙통제가 없는 익명 거래수단으로 모든 거래내역을 블록체인에 저장하고 사용자끼리 검증한다. 서로가 지닌 암호화폐가 진품이며 거래내역도 진짜라는 사실을 공동관리하며 인증하기 때문에 재산을 꾸며내는 일이나 거래기록을 삭제하는 일은 불가능하다. 모든 진실이 블록체인에 담겨 참여자가 공동으로 관리하기에 중앙관리자 없이도 금전거래가 가능하다. 이처럼 제3자 없이 거래 가능한 비트코인이 대중에게 알려지면서 암호화폐와 블록체인에 대한 사람들의 관심도 높아졌다. 그러나 사람들은 비트코인이 대중적인 화폐로 사용되기에는 기술적인 한계가 있다고 판단했다. 비트코인 블록체인에서는 거래내역이 저장·확정되는 단위 블록이 생성되는 데 10분이 걸리기 때문이다. 즉, 하나의 거래가 처리되는 데 최소 10분이라는 시간이 걸린다는 이야기다. 느린 속도에 더해 익명성이 충분히 보호되지 않으며, 비트코인의 미래를 비트코인 사용자가 아닌 돈 많은 채굴자가 결정한다는 한계점도 발견됐다. 이런 한계 때문에 또 다른 암호화폐 알트코인이 등장했다.

　1세대 알트코인은 비트코인의 문제점을 해결한 뒤, 다른 목적으로 사용하기 위해 개발됐다. 실용적인 이유도 있었다. 비트코인 네트워크에서는 이미 대량의 자본이 투입되어 많은 이해관계가 얽혀있기 때문에 실험적인 시도를 하기 어려웠다. 이 때문에 다수의 개발자는 비트코인 대신 기술적인 실험을 해볼 만한 장으로 알트코인을 개발했다. 그렇게 화폐기능에 중점을 둔 다른 1세대 알트코인인 라이트코인, 대시, 모네로 등이 나타났다. 이들은 모두 서로 다른 수학적 설계와 알고리즘을 통해 암호화폐가 발행되고 유지되며 사용되도록 만들어졌다. 라이트코인은 블록 생성 시기를 2.5분으로, 대시는 수초대로 줄였다. 그리고 모네로는 빠른 속도에 더욱 강화된 익명성을 더해 암호화폐와 블록체인에 대한 새로운 아이디어를 제시했다.

사람들이 블록체인과 암호화폐를 중간자 없이도 거래되는 금융시스템으로 한정해 생각하고 있을 때, 암호화폐의 핵심 엔진인 블록체인에 대해 깊게 고민하는 새로운 개발진이 나타나기 시작했다. 이들은 블록체인 기술을 발전시키면 중간자가 필요 없는 시스템을 금융기능 이상으로 확대할 수 있다고 생각했다. 중간자가 존재하는 모든 시스템, 즉 광고, 언론, 의료기록, 부동산, 계약 집행, 투표 등에 블록체인을 적용하면 안전하고, 빠르며, 경제적인 시스템을 구축할 수 있다는 아이디어를 제시했다.

2세대 암호화폐, 이더리움의 탄생

이더리움이 탄생한 2015년 7월을 기준으로 블록체인과 암호화폐 시장에는 혁신의 바람이 불었다. 블록체인의 기능을 대금지불을 넘어 계약으로 확장하자는 아이디어를 이더리움이 처음 성공시켰기 때문이다. 이더리움은 비트코인 블록체인에서 파생되어 나온 3가지 대표적인 블록체인 리플, 비트쉐어, 이더리움 중 하나다. 리플, 비트쉐어와 달리 이더리움은 블록체인 기업을 위한 블록체인 플랫폼으로, 블록체인으로 상상 가능한 모든 응용 프로그램을 지원하기 위해 탄생했다. 이더리움 창시자는 천재 프로그래머 비탈릭 부테린Vitalik Butelin이다. 비탈릭은 블록체인에 스마트 계약Smart Contract을 담는 혁신을 성공시켰다.

스마트 계약을 우리말로 옮기면 '똑똑한 계약'이다. 스마트 계약이란 중간에 제3의 보증기관 없이도 개인 간의 거래를 체결할수 있도록 해주는 전자계약이다. 중재하는 주체가 없다 보니 돈, 부동산, 주식 그밖에 가치 있는 모든 것을 교환할 수 있다. 여기에 더해 투명하고 충돌 없이 거래를 성사시킨다. 기존 계약에서 계약을 이행하려면 사람이 수행해야 하지만, 디지털 명령서로 계약서를 작성하니 계약을 자동으로 실행할 수 있고 블록체인에 담으니 위조와 변조가 불가능하다. 각자의 자산이 연결된 블록체인에서 양자 간 계약을 만들면 복잡한 절차 없이 이행되니 일방적인 계약 파기 가능성을 없앨 수 있게 되었다.

예를 들어, 블록체인 네트워크에 참여한 A와 B가 있다고 하자. A는 암호화폐로 B가 갖고 있는 영화 파일을 구매하고 싶어 한다. 온라인상으로 A가 암호화폐를 보냈지만, B측에 영화 파일이 없거나 있더라도 보내지 않을 가능성이 있다. 이때 스마트 계약을 활용하면 A가 암호화폐를 지불하는 순간 영화 파일을 내려 받는 계약을 체결할 수 있다. 스마트 계약의 또 다른 이름은 자기강제적 언어Self Enforcing Language다. 제3자나 집행관이 개입하지 않아도 컴퓨터가 강제로 계약을 실행할 수 있기 때문이다. 스마트 계약을 정교하게 만들면 전혀 모르는 사람과도 무신뢰거래가 가능하니, 불특정 다수가 존재하는 공간에서도 안전한 거래를 성사시킬 수 있다. 이처럼 블록체인에 스마트 계약을 적용한 것은 블록체인의 활용 가능성을 높인 일이다.

비탈릭이 만든 또 하나의 혁신적인 아이디어는 블록체인을 기반으로 한 분산화 애플리케이션dAPP이다. dAPP은 정보의 분산으로 중앙관리자 없이 스마트 계약으로 운용되는 애플리케이션이다. 스마트폰으로 비유하면 이더리움은 아이폰의 iOS이고, dAPP은 앱스토어에 있는 크고 작은 앱이다. 스마트 계약과 제공되는 툴을 사용하면 상상 가능한 모든 애플리케이션을 만들 수 있고, 우리가 사용하는 모든 애플리케이션(카카오톡, 유튜브 등)을 블록체인에 옮길 수 있다. 블록체인의 확장성을 강화한 것이다. dAPP에서는 금액 이체뿐만 아니라 프로그램의 세세한 기능까지 스마트 계약으로 체결할 수 있어 안전성도 확보됐다. 블록체인을 하나의 운영체제로 생각해 dAPP까지 구상한 것이 비탈릭의 아이디어다.

이더리움의 스마트 계약과 dAPP 아이디어는 ICO 개념을 시장에 확산시켰다. ICO는 dAPP을 만들고자 하는 기업이 투자받아 dAPP에서 사용될 암호화폐를 미리 발행하는 일이다. ICO 탄생으로 dAPP을 개발하고 싶은 회사는 아이디어를 담은 백서Whitepaper를 블록체인 커뮤니티 레딧Reddit에 공개하고, 이 백서에 공감하는 투자자의 기여로 회사가 개발자금을 확보할 수 있게 되었다. 그리고 회사는 투자자를 위한 보상으로 dAPP 전용 암호화폐를 제공했고, 이에 dAPP을 이용할 수 있는 권리와 플랫폼에 대한 가치를 부여했다.

ICO는 이더리움과 dAPP기업에게 모두 도움이 되는 서비스다. dAPP기업은 자체 블록체인 없이 암호화폐를 발행해 투자금을 받을 수 있고, 이더리움은 많은 ICO가 진행되고 dAPP이 활성화됨에 따라 가치가 높아질 수 있기 때문이다. 그렇게 이더리움은 ICO를 활성화시켰다. 이더리움의 스마트 계약을 활용하면 ICO를 보다 쉽게 진행할 수 있는 점도 도움이 되었다. 이더리움을 활용하면 암호화폐를 투자받는 프로토콜부터 회사 암호화폐를 발행하는 과정까지 일사천리로 진행할 수 있다.

이렇게 dAPP 플랫폼에서 사용되기 위해 발행된 암호화폐를 토큰이라고 부른다. dAPP을 만들어 블록체인기술을 다양한 분야에 적용하고 싶은 기업들이 ICO를 진행했고 무수한 토큰이 시장에 쏟아졌다. 그리고 토큰은 이더리움뿐만 아니라 이더리움과 같은 다른 확장 응용 플랫폼인 네오, 퀀텀, 웨이브 등의 블록체인에서도 쏟아져 나왔다. 이렇게 2016년부터 본격적으로 시작한 ICO는 2017년 12월까지 전 세계적으로 수천 개가 넘게 진행됐다. 1만 개의 ICO를 진행한 만큼 수천 개의 토큰도 생겨났다.

2.5세대 암호화폐, 토큰 등장

2.5세대 암호화폐를 토큰이라고 한다. 토큰은 2세대 암호화폐에서 파생된 암호화폐다. 토큰은 이더리움과 같은 확장 응용 플랫폼의 블록체인을 사용한다. 확장 응용 플랫폼에서 제공하는 스마트 계약 코드를 이용하면 토큰을 쉽게 발행할 수 있다. 암호화폐 전문뉴스 〈코인데스크〉에 따르면, 현존하는 90% 이상의 토큰은 이더리움의 ERC20 표준으로 만들어졌다고 한다. 이더리움에서 제공하는 코드에 이름과 숫자를 입력하면 토큰을 원하는 만큼 발행할 수 있다. 간단한 토큰을 발행하는 과정은 10분이 채 걸리지 않는다. 이더리움이 입금자에게 ERC20 토큰을 정해진 계약대로 배분하기 때문에 불특정 다수로부터 투자받는 일도 어렵지 않다. 이렇게 ERC20으로 만들어진 2.5세대 암호화폐 토큰은 ICO를 통해 전 세계의 불특정 다수에게 판매되어왔다.

2016년부터 이더리움을 활용한 ICO와 ERC20 토큰 프로젝트는 엄청난 인기를 끌었다. dAPP 혹은 블록체인을 만들 자금이 필요한 코인회사는 이더리움으로 ICO를 진행하고 토큰을 발행했다. 이를 통해 수십억 원을 전 세계 불특정 다수로부터 빠르고 편하게 조달받을 수 있었다. 이렇게 조달받은 자금으로 코인회사는 사업을 시작했다. 직원들 월급을 주고, 마케팅을 진행하고, 웹사이트와 약속한 플랫폼 개발을 시작했다. 이렇듯 ICO는 상품 없이도 기발한 아이디어만으로 수억 원을 조달받게 해주는 금융조달의 혁신이다. 확장 응용 플랫폼과 스마트 계약을 활용한 프로젝트는 ERC20 표준의 등장으로 승승장구하기 시작했다. 하지만 시간이 지나면서 토큰과 ICO가 지닌 치명적인 결함도 등장했다. ICO 과정, 토큰 발행 과정이 너무 편한 탓이었을까. 지나치게 많은 블록체인 프로젝트가 발표되기 시작했다. 이들 중에는 분명 훌륭한 경험과 아이디어, 비전을 지닌 팀도 있었다. 하지만 말도 안 되는 dAPP을 기획하거나 토큰 발행을 이용해 사기 치려는 사람들도 많이 등장했다. 사뭇 비슷한 아이디어에 포장을 더해 경쟁하려는 기업도 쏟아져 나왔다.

시간이 지나면서 암호화폐 시장에 토큰 과부하 현상이 나타났다. 토큰과 ICO는 말 그대로 수천 개가 출시됐다. 너무 많은 프로젝트가 탄생하면서 어떤 프로젝트가 괜찮은지 아닌지 판별하기는 더욱 어려워졌다. ICO를 끝내고 토큰을 발행한 뒤에 곧바로 먹튀하는 사례도 나타났다. 프로젝트를 진행하는 척, 성과가 있는 척, 엄청난 기술이 있는 척하는 토큰도 등장했다. 어느 순간부터 ICO로 큰돈을 조달받을 수 있고, 암호화폐를 이용한 사기에 법적인 처벌이 없기 때문에 많은 ICO가 진행되고 쓸모없는 토큰까지 세상에 태어났다. 그리고 이렇게 출시된 토큰은 아무도 모르게 암호화폐 생태계를 교란하기 시작했다.

- 1세대 암호화폐, 비트코인은 제3자의 보증 없이 안전하게 거래하고 결제할 수 있는 시스템이다.

- 2세대 암호화폐, 이더리움은 결제 기능에 스마트 계약을 통해 개인 간 대다수의 거래를 블록체인으로 진행할 수 있도록 해주는 시스템이다.

- 2.5세대 암호화폐, 토큰은 이더리움 같은 2세대 암호화폐 확장 응용 플랫폼을 바탕으로 코드를 이용해 발행된다.

- 시간이 지나면서 2.5세대 암호화폐, 토큰은 우후죽순 생겨나더니 사기에 악용되며 암호화폐 생태계를 교란하기 시작했다.

04

토큰이 불확실한
2가지 이유

토큰의 가치는 플랫폼의 가치다

토큰이란 본래 화폐거래를 최우선의 목적으로 둔 암호화폐가 아니다. 물론 토큰으로 개인 간 거래가 불가능한건 아니다. 마치 비트코인을 보내듯, 하나의 토큰주소에서 다른 토큰주소로 보낼 수 있다. 그리고 이 모든 거래는 안전하게 블록체인에 담겨 검증되고 저장된다. 그러나 토큰은 본래 화폐보다 플랫폼 내에서 활용되기 위한 목적이 더 크다. 플랫폼 내에서 활용되는 암호화폐인 것이다.

예를 들어, 바이낸스 토큰은 바이낸스 거래소에서 사용되기 위해 만들어졌다. 거래소에서 수수료로 사용하거나, 유료 프로젝트에 참여할 때나, 투표할 때 사용된다. 바이낸스 거래소 이외의 공

41

현존하는 암호화폐 99%가 사라진다

구분	사용처	dAPP형태
바이낸스 토큰	바이낸스 플랫폼	암호화폐 거래소
모나코 토큰	모나코 플랫폼	암호화폐 직불카드

간에서 이 토큰을 사용할 이유가 없다. 따라서 대부분의 토큰은 플랫폼이 없다면 활용될 가치가 없다는 치명적인 약점을 지닌다. 지금 시장에 나와 있는 토큰의 사용가치를 설명하면 이러하다. 예를 들어, 아프리카TV에서 스마트 계약을 활용한 1인 미디어방송 dAPP을 만든다고 가정하자. 이미 해당 분야에서 입지가 있는 기업이 리버스ICO를 진행한다면 dAPP에 대한 구상을 백서에 담고 별풍선토큰BPS을 발행할 것이다. 플랫폼의 성공을 예상하거나 나중에 별풍선토큰을 상대적으로 저렴하게 이용하고 싶은 투자자는 ICO에 참여해 기여한 만큼의 별풍선토큰을 받는다. 2~3년이 지나 아프리카TV dAPP이 완성되면 별풍선토큰 소지자는 기존 별풍선 서비스에 토큰을 활용할 수 있다. 1인 콘텐츠를 만드는 크리에이터에게 별풍선이라는 암호화폐를 선물하거나 플랫폼 이용자 간에 주고받는 것이다. 이렇게 플랫폼이 완성되고 별풍선토큰이 유일한 지불수단이 된다면 이는 플랫폼에서 사용될 수 있고 일정량의 가치를 지닐 수 있다.

반면 싸이월드가 개인 일상을 저장하고 공유하는 미니홈피 dAPP을 만들기 위해 백서를 발표하고 ICO를 시작한다고 하자.

미니홈피 dAPP에 관심있고 성공을 확신한 고객은 도토리토큰DTR ICO에 참여하고 싸이월드는 2세대 블록체인으로 발행한 토큰을 ICO 참여자에게 배분한다. 개발이 진행되던 도중 천재지변의 이유로 싸이월드 개발이 중단되거나, 싸이월드dAPP보다 훨씬 더 나은 페이스북dAPP이 출시되어 이용자가 없어진다면 도토리토큰을 지닌 고객은 심각한 문제에 직면한다. 도토리토큰을 사용할 공간이 없거나 가치가 터무니없이 낮아졌기 때문이다. 도토리토큰을 100만 개를 가지고 있어도 사용처인 싸이월드dAPP이 만들어지지 않거나 이용자가 없으면 토큰은 아무 가치가 없다.

다시 말하지만, 토큰은 특정 플랫폼 내에서 활용되는 것을 최우선 가치로 둔다. 마치 아프리카TV에서 별풍선을 구입해 크리에이터에게 선물하거나 싸이월드에서 도토리를 구입해 미니홈피를 꾸미던 것과 같다. 물론 토큰은 코인처럼 다른 사람과 주고받을 수 있다는 차이점을 지닌다. 토큰도 암호화폐이기 때문에 위조와 변조가 불가능하기 때문이다. 그러나 토큰은 거래가 아니라 플랫폼에서 소비되기 위해 만들어졌다. 이 때문에 플랫폼에서 사용될 실질가치 이상의 가치를 지니는 것은 비정상적이다. 토큰은 비트코인, 이더리움과 달리 사용처가 한정되어 있다는 분명한 차이점을 지닌다. 다수의 사람들로부터 인정받고 사용되는 암호화폐라기보다 플랫폼 유무와 구체적인 서비스에 따라 그 가치가 정해진다. 토큰의 첫 번째 리스크는 그 가치가 고유 플랫폼의 유무 혹은 성공 여부에 의해 좌지우지된다는 점이다.

토큰의 시작가격은 제로다

암호화폐 중에서 토큰이 위태로운 위치에 있는 또 다른 이유가 있다. 토큰을 발행할 때 아무런 비용이 들어가지 않기 때문이다. 토큰은 상품이다. 상품엔 가치가 있어야 하고 가격을 지탱하는 원가도 있어야 한다. 앞서 이야기했듯 토큰의 가치는 플랫폼의 가치다. 플랫폼이 망가지면 토큰 가치는 하나의 토큰을 발행하는 원가로 수렴한다. 그러나 토큰을 발행하는 데는 의미있는 원가가 없어 토큰 가격은 언제든지 '제로'가 될 수 있다. 백화점 상품권을 100장 들고 있어도 백화점이 사라지면 상품권이 무용지물이 되는 것과 같다. 토큰을 발행하기 위해서는 확장 응용 플랫폼의 토큰 표준과 스마트 계약을 활용한다. 토큰은 이더리움과 같은 확장 응용 플랫폼에서 제공하는 소스코드를 변형해 만든다. 간단한 토큰을 발행하는 데는 10분 정도 밖에 걸리지 않으며 조금 복잡한 스마트 계약을 설계한다고 해도 일주일 이상 걸리는 작업이 아니다. 당장 유튜브에 떠돌아다니는 동영상을 보아도 누구나 쉽게 따라할 수 있을 정도다. 시장의 문제점은 원가가 제로인 토큰에 플랫폼의 기대감을 반영해 기준 없이 가치를 책정하는 것이다.

토큰과 달리 원가가 있는 코인을 살펴보자. 코인은 보통 채굴을 통해 발행된다. 코인 하나를 발행하는 데는 채굴자의 전력, 그래픽카드 그리고 상당한 시간이 소요된다. 코인의 대표 비트코인을 생각하면 이해하기 쉽다. 비트코인을 채굴하기 위해서는 전 세계 수백만 대의 컴퓨터가 각자 전력을 제공한다. 비트코인은 작업증명PoW이라는 채굴방식이 사용되는데, 채굴자가 네트워크에 기여하는 비율만큼 비트코인을 보상받는 방식이다. 예를 들어, 비트코인 채굴량의 1% 해시를 제공한다면, 채굴된 100개의 비트코인 블록 중 확률적으로 1개에서 채굴되는 비트코인을 보상으로 받는다. 이 100개의 블록이 생성되는 1,000분 동안 비트코인 네트워크에 해시를 제공해야 한다. 1,000분 동안 들어가는 채굴기 비용과 전력은 천문학적이다. 이처럼 수량이 제한된 비트코인 하나를 채굴하는 데는 많은 돈과 시간이 소요된다.

암호화폐 시장은 코인을 채굴하는 데 들어가는 비용을 코인의 원가로 보고 있다. 비트코인 채굴자가 코인 10개를 채굴하는 데 1,000만 원의 비용이 들었다고 가정해보자. 채굴자는 비트코인 10개를 1,000만 원 이하로는 팔지 않을 것이다. 자선가가 아니라면 비트코인을 공급하는 채굴자는 비트코인 10개를 최소 1,000만 원 이상의 가격으로 시장에 공급한다. 가격은 시장 경제 내에서 채굴자끼리의 공급경쟁을 통해 정해진다. 암호화폐 전문뉴스 〈코인 텔레그래프Coin Telegraph〉에 따르면 비트코인 채굴가는 최소 50%의 마진을 붙여 시장에 공급한다고 한다. 비트코인 한 개당 채굴비용이 100만 원이라면 시장에서 평균 150만 원 이상으로 거래될 것이다. 이렇듯 토큰과 달리 비트코인은 하나를 만드는 데 들어가는 비용이 분명히 존재한다. 그리고 정확히 설계된 공급기준에 맞춰 시장에 제공된다. 코인을 만드는 데 들어가는 비용은 코인 가격을 지탱해준다.

반면 대부분의 토큰은 발행 시 정확한 비용이 존재하지 않는다. 이 때문에 플랫폼이 완성되지 않으면 토큰 가치는 언제든지 제로가 될 수 있다. 그러나 모든 토큰 가치가 제로가 되는 것은 아니다. 플랫폼이 미완성이어도 잘 설계된 토큰이라면 토큰경제 Tokenomics라고 불리는 토큰의 공급경제가 가격을 바로잡아준다. 바이낸스 토큰이 대표적이다. 바이낸스는 ICO를 마치고 거래소를 곧장 오픈해 토큰을 사용할 수 있게 만들었다. 토큰을 사용하면 거래 수수료의 50%를 할인해주었다. 그럼 바이낸스 토큰은 바이낸스를 이용하는 거래 수수료만큼의 최소 경제적 가치를 지닌다. 바이낸스는 이에 더하여 분기별 수익의 20%를 시장 내 바이낸스 토큰을 소명시키는 데 사용한다는 계획을 세웠다. 발생한 수익을 간접적으로 나누는 방식을 택해 합리적이라는 평가를 받고 있다. 바이낸스는 몇 안 되는 실질가치를 지니는 성공적인 토큰으로 자리 잡았다. 토큰의 가격을 거래수수료로 지탱하고 공급량도 합리적으로 조절해 가격변동성을 최소화하고 장기적으로 성장할 수 있는 발판을 마련했다. 현재 바이낸스 토큰은 바로 사용할 공간이 있는 실질가치를 지닌 토큰이다.

그러나 바이낸스 같은 토큰은 흔하지 않다. 토큰이 쓰임이 있고 곧바로 가치를 지니는 경우는 암호화폐 시장에서 보기 드문 일이다. 바이낸스와 소수 몇 개 토큰을 제외한 현존하는 대부분의 토큰은 바로 사용할 수 있는 곳이 없다. 말했지만 쓰임이 없으면 가치가 없고 가치가 없으면 사라진다. 토큰에 대한 진실을 정리하면 다음과 같다. 토큰은 좋은 플랫폼이 완성되리라는 보장이 없고 원가조차 없어 실제 가치 판단이 어렵다. 이 때문에 현재 대부분 토큰 가격은 플랫폼 완성, 상용화에 대한 기대감이 전부라고 해도 과언이 아니다.

Point

- 토큰을 활용하면 ICO를 편하게 진행할 수 있으며, 새로운 블록체인 프로젝트를 수월하게 시작할 수 있다. 이로 인해 수많은 토큰이 발행되었으며, 현재 시장에는 1만 개가 넘는 암호화폐가 있다.

- 토큰은 발행 주체가 건설하는 플랫폼에서 사용될 암호화폐다. 플랫폼이 만들어지지 않거나 실패하면 토큰은 사용처가 없어지고, 그 가치는 제로가 된다.

- 토큰이 가치가 있으려면 플랫폼과 더불어 합리적으로 설계된 토큰경제도 필요하다. 가장 대표적인 예는 바이낸스 플랫폼과 바이낸스 토큰이다.

05

알트코인도
안전하지 않다

　암호화폐 중에서는 토큰이 가장 큰 불확실성을 지닌다. 그 이유는 앞서 말했듯 토큰의 가치는 플랫폼에서 나오는데 플랫폼 완성에는 늘 불확실성이 존재하기 때문이다. 게다가 토큰을 발행하는 데는 의미 있는 비용이 들지 않아 가격이 언제 제로가 되어도 놀랍지 않다. 현재 암호화폐 시장에는 이러한 토큰이 무지막지하게 많다.

　시장에서 집계되는 암호화폐의 정보는 코인마켓캡 웹사이트에서 확인할 수 있다. 코인마켓캡에 들어가면 암호화폐 시장의 다양한 수치가 한눈에 드러난다. 예를 들어, 메인페이지 상단에는 암호화폐 시장 전체 시가총액과 시세정보가 한눈에 보인다. 비트코인 점유율이라고 하는 투자의 중요한 지표도 나타나 있다. 그리고 왼쪽 하단을 확인하면 코인, 토큰으로 분류된 암호화폐 리스트와 통계자료도 살펴볼 수 있다. 현재 코인마켓캡에는 평균적으로 1,600개의 암호화폐가 집계된다. 이 중 682개가 토큰이고 918개가 코인이다. 이 수치만 살펴보면 암호화폐에는 코인이 훨씬 많은 것처럼 보인다. 하지만 〈비트코인 매거진Bitcoin Magazine〉에서 확인한 결과, 공식적으로 집계되지 않은 암호화폐 중 토큰으로 분류되는 암호화폐가 90%를 넘어섰다. 이처럼 비공식적인 통계결과를 확인하면 토큰의 종류가 압도적으로 많은 것을 확인할 수 있다. 약 1만 개의 암호화폐가 존재한다고 하니, 9,000개 이상의 암호화폐가 토큰이라는 이야기다. 이들이 코인마켓캡에 집계되지 않는 이유는 거래소에 상장하지 않았거나 ICO를 진행한 후에 별다른 진전이 없었기 때문이다. 이미 사라졌다고 평가해도 되는 암호화폐는 수천 개가 넘는다.

이 중 코인으로 분류되는 918개도 안전하지 않다. 코인도 더 많은 이용자를 확보하기 위해 경쟁해야 하기 때문이다. 코인은 확장성, 보안성, 프라이버시성으로 경쟁한다. 하지만 이 3가지를 완벽하게 보완한 암호화폐는 전 세계 어디에도 존재하지 않는다. 보통 2개를 얻으면 1개를 포기해야 하는 구조를 지닌다. 3가지 조건을 갖추는 암호화폐는 많은 사람의 선택을 받고, 사용자가 늘어날수록 신뢰도가 높아진다. 암호화폐 중에서 비트코인, 대시, 모네로는 시장에서 어느 정도 자리 잡고 업데이트를 통해 더 발전하는 암호화폐다. 그러나 나머지 918개의 코인 중 개발이 꾸준히 진행되고 성과를 보이는 코인은 극소수다. 개발에서 밀리면 사용자가 줄어들어 신뢰가 떨어지고, 신뢰가 떨어진 코인은 시장으로부터 버림받아 사라진다. 그러니 토큰보다 코인이 안전하다고 생각해서는 안 된다. 코인도 이미 만들어진 블록체인이 얼마나 더 개선되는지 꾸준히 지켜봐야 한다.

신뢰할 수 있는 코인은 기본적으로 채굴비용이 많이 소모된다. 사용자 수가 계속 증가하고 시스템이 발전하는 코인은 블록체인을 안전하게 유지하기 위해 더 많은 비용을 들여야 하기 때문이다. 비트코인을 보면, 2016년 기준 네트워크에 투입되는 컴퓨팅파워는 1,958만 3,587페타플롭스petaFLOPS다. 세계에서 가장 빠른 슈퍼컴퓨터인 중국 턴헤 2호의 계산력이 33.8페타플롭스임을 고려하면 비트코인 네트워크의 컴퓨팅파워는 사실상 동원하기 힘든 규모다. 이 정도 컴퓨팅파워를 유지하기 위해서 들어가는 전기료와 그래픽카드의 비용은 천문학적이다. 비용이 많이 드는 대신 비트코인 블록체인이 지니는 보안성은 그만큼 높고, 신뢰를 유지하기 위한 비용은 가격에 반영되어 있다. 보다 작은 규모의 알트코인으로 분류되는 코인은 비트코인, 대시 같은 암호화폐와 비교해서는 안 된다. 〈코인 인사이트〉에 따르면 코인 중에서 자체 블록체인을 개발해서 개선하는 코인이 있고, 남의 블록체인을 베껴와 이름만 바꿔 채굴하는 코인도 존재한다. 대표적인 예가 도지코인Dogecoin이다. 도지코인은 비트코인 클라이언트에 강아지 사진만 붙여서 개발한 기술적인 가치가 전혀 없는 코인이다. 반대로 대시 등의 암호화폐는 기초적인 코드에 추가적인 변화를 민주적인 절차에 따라 개선해나간다. 그렇기 때문에 독자적인 성격과 새로운 코드를 지녀 기술적인 우수성이 있다.

또한 코인의 장부를 관리하는 블록체인 종류에 따라 신뢰성이 달라질 수 있다. 비트코인, 대시, 모네로와 같은 퍼블릭 블록체인을 바탕으로 만들어진 암호화폐는 네트워크 참여자(채굴자)가 코인의 방향성을 함께 만들고 정해간다. 그러나 만약 정해진 소수만 참여할 수 있는 프라이빗 블록체인을 엔진으로 둔 암호화폐라면 블록체인이 얼마나 안전한지, 채굴자의 이해관계로 인해 사라질 가능성은 없는지 완벽하게 파악하기 어렵다.

게다가 토큰으로 만들어놓고 코인이라 말하는 암호화폐도 있다. 분명히 ERC20 토큰으로 만들었는데 코인이 될 수 있다는 이유로 코인리스트에 올라와 있는 암호화폐가 많다. 토큰이 잘 성장하면 코인이 되기 때문이다. 현재 코인으로 분류되는 퀀텀도 이더리움 ERC20으로 만들었다가 퀀텀 블록체인의 출시로 코인이 된 것이다. 그러나 퀀텀 같이 성공적인 경우는 소수다. 대부분의 알트코인은 블록체인을 개발, 강화할 수 있는 역량이 거의 없기 때문이다. 엉터리 알트코인까지 뒤섞여 있는 현 시장에서 모든 코인을 안전하다고 말할 수 없다. 냉정하게 말하면 순수 결제 기능 혹은 확장 응용 플랫폼이 될 코인 중에서 시가총액 40위 이하의 알트코인은 의미 있게 살펴볼 필요가 없다.

비트코인, 대시, 모네로, 넴은 암호화폐 중에서 통용성이 높고 안전하다고 여겨진다. 이미 사용하는 사람이 많으며 암호화폐를 움직이는 핵심 엔진인 블록체인이 갑작스레 사라지거나 해킹될 가능성이 낮기 때문이다. 그러나 50위권 이하의 소규모 알트코인은 통용성과 안전성이 매우 의심스럽다. 사람들이 언제 배반할지 모르고 블록체인이 안전하게 구축되고 있는지 검증이 충분하지 않기 때문이다. 코인이라고 다 같은 코인이 아니다. 비트코인, 이더리움, 도지코인은 분명히 기술적·가치적으로 근본이 다르다. 따라서 코인으로 집계된 918개의 코인 중에서 대략 50개를 제외한 868개의 코인은 토큰으로 분류하는 것이 옳을지도 모른다.

인기 없는 알트코인이 토큰으로 치부될 수 있는 요인은 다음과 같다. ① 토큰으로 발행돼 뿌려지거나 다른 코인의 코드를 그대로 따라 썼다. ② 경쟁에서 이기기 위해서는 꾸준히 개선해야 하는데 개선되지 않는다. ③ 사용자가 적어 특정 팬이 사용하는 기념주화다.

비트코인, 대시, 모네로를 달러, 유로, 원화 같은 개념으로 생각해보면, 하위개념에 있는 알트코인은 문화상품권이나 해피머니 같은 존재다. 우리는 문화상품권이나 해피머니를 화폐라고 부르지 않는다. 미국에서도 도서상품권은 북 토큰Book Token이라고 부른다. 이런 관점에서 보면 코인과 토큰은 사람들의 인식 여부에 따라 성격이 정해진다고 할 수도 있다. 토큰보다 상대적으로 사용자가 많고 높은 신뢰성이 있으면 코인이 된다.

코인이 되려면 다음의 조건을 갖춰야 한다. ① 대체 결제수단으로 이용할 만큼 신용할 수 있고 사용층이 두텁다. ② 자체 블록체인과 개발진이 경쟁력 있고 신뢰할 수 있다. ③ 코인의 발행과정이 투명하고 합리적으로 설계되어 있다. 현재 암호화폐 시장에는 불확실성이 가득한 토큰과 사용할 필요가 없는 알트코인이 대부분을 차지하고 있다. 더 강하게 표현하면, '거의 모든 암호화폐는 위험덩어리다.'

토큰 → 토큰	자체 블록체인 개발 안 함	사용처 한정됨
토큰 → 코인	자체 블록체인 개발함	사용처 확장됨

- 자체 블록체인을 보유한 코인이라도 블록체인의 확장성, 보안성, 프라이버시성이 떨어지면 가치가 없다. 자체 블록체인의 독자성이 떨어지고, 발행설계와 실용적인 기능이 부족하면 사람들의 선택을 받지 못하며, 이 블록체인의 코인은 가치가 없다.

- 알트코인 가치는 블록체인의 유용성에 따라서 달라진다. '얼마나 많은 사람이 사용하는가' 그리고 '블록체인 채굴활동에 참여하는가'가 알트코인의 가치를 결정한다. 많으면 많을수록 좋다.

- 현재 암호화폐 시장의 문제점은 토큰이 사용처가 없을 수 있다는 것과 열등한 블록체인의 알트코인이 너무 많이 발행되며 근거 없이 지나치게 높게 평가되고 있다는 것이다.

06

암호화폐가 사라지는
4가지 이유

암호화폐가 사라진다는 말의 의미

블록체인 분석기업인 블락지코리아가 2018년 초 시장에 집계된 암호화폐를 조사한 결과 2020년 전까지 현존하는 암호화폐의 99%가 사라질 것으로 전망했다. 이는 확인 가능한 백서와 오픈 소스 코드가 올라와 있는 깃허브를 종합적으로 분석한 결과이기 때문에 매우 신뢰성이 높다. 현존하는 암호화폐가 사라질 것이라 예측한 또 다른 이는 리플의 CEO 브래드 갈링하우스다. 〈비즈니스인사이더〉에 따르면 갈링하우스는 대부분의 암호화폐가 가치가 없으며 가까운 시일 내 가격이 제로로 떨어질 것이라 전망했다. 만약 누군가가 100개의 암호화폐를 무작위로 선정하여 지갑에 넣어둔다면 2020년에 살아남은 암호화폐가 1~2개 사이라는 의미다. 이는 굉장히 충격적인 결과다. 그럼 이 암호화폐가 사라지는 이유는 무엇일까. 그리고 사라진다는 것은 무엇을 의미하는가? 필자는 암호화폐가 사라진다는 것을 다음 3가지 문장으로 정의한다. ① 갖고 있는 암호화폐를 사용할 수 없다. ② 암호화폐 커뮤니티마저 암호화폐 소유를 포기했다. ③ 그래서 암호화폐 가격이 곤두박질쳤다. 이미 만들어진 암호화폐가 사라진다는 것은 비유적인 표현이다. 블록체인이 존재하는 한 암호화폐는 존재한다. 이더리움 등의 확장 응용 플랫폼을 기반으로 만든 토큰도 물리적으로 없어지진 않는다. 모든 기록이 0과 1로 존재하기 때문이다. 사라진다는 것은 아무런 쓸모가 없어진다는 말이다. 지갑에 코인이 100억 개, 1,000억 개가 있어도 아이스크림 하나 사먹을 수 없으면 쓸모가 없다. 블락지코리아가 분류한 4가지 큰 관점에서 암호화폐가 사라지는 이유는 다음과 같다. ① 블록체인 프로젝트가 실패한다. ② 지능형 사기코인이다. ③ 법적인 규제를 받는다. ④ 생존 경쟁에서 밀린다. 구체적인 내용을 살펴보자.

블록체인 프로젝트의 실패

여기서 다루는 블록체인 프로젝트는 비트코인, 라이트코인 같은 퍼블릭 블록체인 이야기가 아니다. 바이낸스, 트론, 월튼과 같은 프라이빗 블록체인 겸 암호화폐(토큰) 스타트업의 이야기다. 대부분의 블록체인 스타트업은 자체 블록체인이나 dAPP을 만들고 이에 활용되는 암호화폐를 판매해 수익을 낸다. 이상적으로 생각하면 회사가 플랫폼(블록체인)을 만들고 사업적으로 성공시키면 개발자와 코인 소유자 모두가 수익을 보는 구조다. 대부분 암호화폐 스타트업의 수익구조는 크게 3가지로 나뉜다.

구분	개발 여부	사용 여부
코인 프로젝트	블록체인을 독자적으로 개발	코인을 이용하는 사람 혹은 받아주는 사용처가 필요함
토큰 프로젝트	dAPP을 독자적으로 개발 (독자 블록체인도 개발 가능)	dAPP에서 토큰을 활용할 수 있도록 생태계와 토큰경제가 완성되어야 함

첫 번째는 암호화폐 개발자가 미리 일정량을 채굴하거나 채굴 코드를 개발해 독점적으로 혹은 일반 참여자 몰래 이점을 가지고 코인을 확보하는 방법이다. 회사는 이후 코인을 시장에 공개하고 시세를 조정하며 수익을 얻는다. 만약 개발자가 일정량의 코인을 축적한다면, 코인의 가치를 유지하고 상승시키기 위해 지속적으로 코인을 개발할 동기가 되기도 한다. 다만, 이 방법으로는 상장할 때까지 기다려야 하기 때문에 초기 개발자금을 확보하기 어려우며, 결국 제대로 된 개발품 없이 비전만으로 마케팅해야 하는 상황이 생긴다. 이런 종류의 기업은 개발자에게 지급된 선수금이

나 책임이 없기 때문에 중간에 개발을 포기하고 떠나는 경우로 이어진다.

두 번째는 ICO를 활용하는 방법이다. 이는 마치 기존의 기업 공개/주식상장Initial Public Offering, IPO 개념과 유사하다. 대중에게 암호화폐 프로젝트의 선수금인 토큰을 공개적으로 판매하는 방법이다. 주로 개발자나 개발을 담당하는 재단에서 50%의 암호화폐를 소유하고 나머지를 대중에게 판매한다. ICO에서는 개발자가 최초 가격을 정하게 되며 프로젝트의 비전과 토큰의 가격에 동의하는 사람들이 토큰을 구매하고 프로젝트에 자금을 지원한다. ICO를 사용하면 개발자는 이를 통해 얻는 자금으로 개발을 진행하며, 해당 자금뿐만 아니라 프로젝트의 토큰도 보유함으로써 지속적인 개발 동기를 얻는다.

세 번째는 ICO 이후에 개발한 분산화 플랫폼이나 블록체인 네트워크를 운영하면서 벌어들이는 수익이다. 분산화 플랫폼을 운영하는 기업 같은 경우는 자신들이 만든 암호화폐 토큰이 활발하게 돌아가는 구조를 지닌다. 이때 사용자에게 플랫폼 운영비용을 토큰으로 지불하게 함으로써 더 많은 토큰이 활용되며 회사가 수익을 얻게 된다. 블록체인 네트워크는 회사가 블록체인을 돌려주는 비용(수수료, 사용료)을 토큰으로 지불하게 한다. 서비스 자체를 토큰으로 지불하게 하여 수익을 올리는 것이다. 이는 가장 이상적인 수익구조로 평가되기 때문에 블록체인(암호화폐) 스타트업은 세 번째 수익구조를 강화하는 데 노력한다. 그러나 대부분의 기업은 세 번째 수익구조를 얻기 전에 실패하는 경우가 많다. 암호화폐 프로젝트를 성공시키기 위해 넘어야 하는 허들이 무수히 많이 존재하기 때문이다. 이 중 하나라도 넘지 못하면 그 암호화폐는 장기적으로 신뢰가 떨어지고 쓰임이 없어진다. ICO에 성공하고 거래소에 상장했어도 끝이 아니다. 만든 암호화폐가 쓸모 없는 상황이 허다하다. 수익구조를 만들지 못한 암호화폐 기업은 실패하며, 그 프로젝트에서 사용될 예정이었던 토큰도 자연스레 쓸모가 없어진다.

암호화폐 프로젝트가 실패하는 과정을 설명하기 위해 필자의 지인이 진행했던 실제 토큰 프로젝트를 바탕으로 이야기해보겠다. A회사가 진행하는 프로젝트 이름을 'AICAR체인'이라 하겠다. AICAR체인이 블록체인과 암호화폐를 활용해 해결하고자 하는 문제점은 다음과 같다. 4차 산업혁명의 물결로 미래에는 자율주행 자동차가 도로를 가득 채운다고 한다. 자동차의 운행정보, 사고정보, 내비게이션, 주차정보는 위조되면 안 되기 때문에 이에 블록체인을 접목시키려고 한다. 운전자의 생명과 직결되는 정보를 블록체인에 저장해 안전하게 지키고, 스마트 계약으로 그 정보의 저장과 열람을 가능하게 하는 서비스를 제공하는 것이다. A회사는 AICAR체인을 독자적으로 관리하고 dAPP을 활용하고 싶은 자동차나 자동차 기업이 A회사의 토큰 'AICAR'를 구입하도록 구상했다. 장기적으로 dAPP이 활성화되고 자율주행 자동차에 블록체인이 활용되면 토큰 가치가 오를 것이라고 판단했다.

A회사는 AICAR체인 프로젝트를 시작하기로 하고, 함께 일할 팀원과 개발자를 몇 명 구한다. AICAR체인 아이디어를 마음에 들어 하는 투자자가 ICO를 요청한다. 곧바로 dAPP과 AICAR 토큰의 구상을 담은 백서를 작성한다. 이를 영어, 한국어, 중국어, 일본어로 번역한 뒤 레딧 같은 블록체인 커뮤니티와 웹사이트에 발표한다. 백서를 읽고 프로젝트에 감명을 받은 투자자는 ICO에 참여하기 위해 웹사이트를 방문하고, 가이드라인에 따라 자금을 지원하여 보상으로 AICAR 토큰을 받는다. ICO로 이더리움 약 1만 개, 한화로 60억 원이 조금 넘는 자금을 투자받고 그에 상응하는 AICAR 토큰을 스마트 계약으로 투자자에게 나눠준다. 투자자는 프로젝트 성공과 암호화폐 거래소 상장을 기원한다. ICO가 끝나자마자 A회사는 AICAR 플랫폼을 개발하기 시작한다. 사업을 운용할 자금도 필요한 만큼은 생겼고, 만들어지면 테스트에 참여하겠다는 고객도 있다. 이제는 백서에 적혀있는 대로 플랫폼을 단계적으로 만들어나가면 된다. 암호화폐 스타트업으로서 세운 계획을 하나씩 실행하는 일만 남았다. 플랫폼 개발을 시작해야 하고 플랫폼을 사용할 사람도 구하기 위해 마케팅을 펼쳐야 한다. 그리고 회사의 토큰을 처분하기 위해서라도 암호화폐 거래소에 상장을 요청해야 하고, 관련 기업과 업무협약을 맺기로 계획한다.

여기서 첫 번째 리스크는 다음과 같다. 플랫폼 개발의 실패다. 플랫폼을 제대로 개발하기 위해 회사가 가장 먼저 해야 할 일

현존하는 암호화폐 99%가 사라진다

은 뛰어난 블록체인 개발자의 영입이다. ICO 진행까지는 유능한 블록체인 개발자가 필요하지 않다. ICO를 진행하기 위한 기술적인 노력은 보통 이더리움 플랫폼과 ERC20 토큰으로 해결 가능하기 때문에 초보 수준의 개발자여도 상관없다. 하지만 자체 블록체인을 개발하는 일이나 dAPP을 만드는 일 모두 블록체인에 대한 이해가 풍부한 개발자가 필요하다. 그러나 이미 AICAR 토큰이 세상에 돌아다님에도 불구하고 플랫폼 구축의 핵심 인력을 구하는 것이 쉽지 않다. 플랫폼을 일반인도 사용하기 쉽게 구성하면서도 회사에 분명한 수익구조를 가져오게 만드는 일은 어려운 작업이다. 실제로 블록체인 개발자를 구하는 일은 하늘의 별 따기와 같다. 블록체인 기술자는 단순히 코딩을 잘하는 인력으로는 부족하다. 기본적으로 깃허브에 떠돌아다니는 블록체인의 다양한 소스코드를 이해할 줄 알아야 하며, 블록체인을 플랫폼에 알맞게 개발하기 위해 스스로 생각하고 실험할 수 있는 기획자이기도 해야 한다. 그나마 존재하는 중급, 고급 블록체인 기술자들은 유명 암호화폐 기업과 ICT 기업에 고액의 연봉으로 스카웃되어 있는 것이 대부분이다. 국내의 한 유명 암호화폐 기업의 기획이사에 따르면 블록체인 개발자에게는 연봉 평균 2억 원 이상을 줘야 하며, 이들도 배워가면서 일하는 게 현실이라고 한다. 제대로 된 블록체인 개발자가 부족하기 때문에 블록체인 기업은 보통 플랫폼 형성까지 필요한 시간을 평균 3~4년 잡는다. 적절한 블록체인 기술자를 구하지 못하면 AICAR체인은 구현되지 않는다. 이렇게 AICAR 토큰을 쓸 수 있는 플랫폼이 구현되지 않으면 AICAR 토큰은 자연스레 사라지게 된다.

두 번째 리스크는 플랫폼 운영의 실패다.

회사가 운이 좋아 적절한 블록체인 기술자를 구해도 리스크는 여전히 존재한다. 실제로 AICAR 플랫폼이 구축되어도 사용하는 사람이 없을 가능성이 높다. 첫 번째로 AICAR가 활성화되려면 자율주행 자동차가 필요한데, 지금처럼 자율주행 자동차가 제대로 갖춰지지 않은 시대에 이 같은 블록체인 플랫폼을 내놓으면 십중팔구는 실패한다. 실제로 대부분의 암호화폐 프로젝트가 실생활에 활용될 일이 없는 프로젝트인 경우가 많다. 두 번째로는 AICAR를 사용하겠다고 계약하는 기업, 개인이 나타나지 않는 상황이다. 플랫폼을 만들고 스마트 계약까지 알맞게 개발했는데 아무도 사용하지 않는 상황도 자주 발생한다. 실제로 프라이빗 블록체인 스타트업을 대상으로 컨설팅을 진행하다 보면 대부분 블록체인 스타트업이 사업 운용 역량이 부족하다는 사실을 발견하게 된다. 플랫폼을 개발하는 것과는 별개로 만들어진 플랫폼 운용 방법과 마케팅 방법을 전혀 모른다. 대부분 의미없는 뉴스용 개념증명POC 및 업무협약MOU 기사들만 잔뜩 찍어내는 수준으로 너도나도 앞다투어 기사를 낸다. 대부분 블록체인 스타트업은 일단 블록체인이 뭔지도, 어떻게 사용할 건지도, 심지어 애초에 필요가 있는 건지도 모른 채 일단 '블록체인'과 '암호화폐'가 들어간 기사를 낸다. 연구와 사업 운용은 뒷전이다. 이는 대부분의 회사가 블록체인이 필요해서가 아니라 블록체인 사업을 한다는 '타이틀'이 필요하기 때문이다. 일단 블록체인이 들어간 뭔가를 해야 뒤처지지 않고 암호화폐로 큰돈을 벌어볼 수 있다는 생각이 앞선 것이다. 다수의 암호화폐 기업이 의미 있는 서비스를 상용화 수준으로 내놓으려면 충분한 시간과 시행착오가 필요하다는 사실을 인지하지 못하고 있다. 탄탄한 암호화폐인 비트코인과 이더리움조차 시장에서 검증되고 있는 시기인데, 너무나도 많은 토큰이 시장에 나와 블록체인에 대한 이해 없이 운용, 거래되고 있다. 그간 만난 몇 몇 암호화폐 사업자는 코인을 만들어 판매하면 끝인 줄 아는 사람도 있었다. 이렇게 암호화폐는 플랫폼이 만들어져도 사업자가 고객을 끌어올 역량이 부족해 실패할 수 있다.

세 번째 리스크는 거래소 상장 실패다.

토큰을 구매한 사람들은 보통 AICAR 토큰이 거래소에 상장되고 가격이 상승하는 시기만을 기다린다. 그래야 자신들이 ICO 때 낮은 가격으로 토큰을 구매한 것에 대한 보상을 받을 수 있기 때문이다. ICO에 참여해 받은 토큰을 거래소에서 타인에게 판매하려는 게 현재 암호화폐 시장의 ICO 풍토다. 또한 스타트업 입장에서도 토큰을 거래소에 상장시켜야 한다. 거래소에 상장되어야 더 많은 사람에게 암호화폐를 알릴뿐만 아니라 회사 자금이 필요할 때 예치해둔 토큰을 처분할 수 있기 때문이다.

하지만 대부분의 암호화폐는 거래소에 상장되지 않는다. 거래소에 상장하기 위해선 수많은 이해관계를 극복해야 하기 때문에 작은 기업이 해내기는 어려운 일이다. 앞서 언급했듯, 코인마켓 캡에 집계되는 상장된 암호화폐만 해도 1,600개밖에 되지 않는다. 그에 반해 시장에 나와 있는 암호화폐는 1만 개가 넘는다. 바이낸스 거래소 CEO는 한 블록체인 강연장에서 매달 수천 개의 코인을 상장해달라는 요청을 받는다고 말했다. 1만 개 그 이상의 암호화폐 프로젝트가 매일 쏟아져 나오는 현실 속에서 거래소의 선택을 받는 것은 어려운 일이다. 코인데스크에 따르면 평균적으로 총 100개의 ICO가 진행됐을 때 80개 ICO가 사기로 판명 나고 남은 20개 중에서 3~4개만이 암호화폐 거래소에 상장된다고 한다. 즉, 전체 암호화폐의 3~4%만이 거래소에 상장된다는 말이다. 암호화폐 상장에 지름길이 있긴 하다. 거래소에 코인을 보내는 것이다. 홍콩에 본부를 둔 암호화폐 거래소 HI는 토큰을 영구적으로 상장하는 데 최소 20 비트코인 이상을 보내는 게 관례다. 국내에 있는 B거래소는 상장조건으로 발행한 토큰 전체의 3%를 요청한다. 공정하게 상장하는 거래소는 매달 수백, 수천 개의 프로젝트를 심사해야 하기 때문에 몇 달이 소요될지 알 수 없다. 따라서 상장이 급한 암호화폐 스타트업은 이러한 행동이 유일한 생존방법이 되기도 한다. 암호화폐 스타트업에 거래소 상장은 중요한 과정이자 핵심적인 자금 확보 수단이다. 상장하기만 하면 시세조작 등을 통해 수익을 창출할 수도 있다. 그러나 거래소에 상장되는 일은 쉽지 않으며, 시장은 거래소에 상장되지 않은 암호화폐를 가치 없다고 생각한다. 암호화폐 스타트업이 제때 거래소

현존하는 암호화폐 99%가 사라진다

에 상장되지 못하면 플랫폼이 개발되고 사용자가 생겨나도 성장하지 못하고 시장에서 잊혀 사라진다.

네 번째 리스크는 자금운용 실패다.

AICAR체인은 AICAR 플랫폼을 개발하고 운용하는 데 많은 자금을 사용하게 된다. 인건비와 렌트비, 홍보비용까지 합치면 1년 안에 70억 원을 다 쓰는 경우도 허다하다. ICO 때 받은 돈은 바닥이 드러나는데 플랫폼은 정상적으로 운영되지 않고 상장되지도 않는다면 자금을 확충할 수 없게 된다. 거래소 상장이 유일한 희망이 된 AICAR체인은 상장을 기다리다가 결국 사업을 포기하게 된다. A회사 웹사이트는 문을 닫고 운영진은 흩어진다. 초기 ICO에 참여했던 사람들은 자신이 받은 AICAR 토큰이 쓸모가 없어진 것을 깨닫는다. 그러나 항의해도 늦었다. 투자자는 투자에 실패하고 AICAR 토큰을 공중에 버리게 된다. 토큰은 이렇게 사라진다.

AICAR체인과 AICAR 토큰 일화는 필자가 실제 알고 있는 대한민국 암호화폐 기업의 것이다. 아이템과 이름은 당연히 다르다. 아직까지도 이 회사 대표는 토큰 실패에 힘들어하고 있다. 무엇보다 힘든 것은 암호화폐 ICO에 참가한 투자자들에게 큰 피해를 안기고 아무런 해결도 못하는 현실이라고 말했다. 대한민국에 본부를 둔 이 회사는 ICO까지 성공적으로 마치고 플랫폼까지도 구축했다. ICO에서는 수십억 원을 모금 받았고, 실제로 암호화폐가 활용되는 블록체인 기반 dAPP까지 가까스로 론칭했다. 하지만 플랫폼을 사용하는 사람이 아무도 없었다. 개발에 집중하느라 코인 홍보와 커뮤니티 운영을 신경 쓰지 못했더니 사람들이 외면한 것이다. 믿었던 코인 상장도 진행되지 않았다. 국내 거래소에 상장하기 위해 노력해도 돌아오는 대답은 거절뿐이었다. 급급한 마음에 해외 거래소에 연락을 넣었지만, 돌아오는 대답은 심사를 기다리던가 빨리 심사받고 싶으면 비트코인을 보내라는 대답이었다. 두어 달 전이었으면 보낼 수 있었지만, 몇 달만에 인건비와 렌트비로 많은 돈을 소진해 회사는 토큰 운영을 포기했다.

사실 이 기업은 본질적인 문제가 너무나도 많았다. dAPP의 아이템 선택부터, 운영방법, 인력문제, 자금운용, 거래소 상장 등 블록체인과 암호화폐에 대한 이해가 전혀 없는 상황에서 사업을 운용했다. 실제로 암호화폐 시장에는 이 기업과 같이 충분한 이해 없이 시작하는 경우가 많다. 냉철하게 운영하지 않은 기업이 실패하는 것은 어쩌면 당연한 결과다. 1만 개가 넘는 암호화폐 기업 중에서 거래소에 집계되지 않은 8,400개는 이 같은 운명을 마주할 가능성이 매우 높다.

암호화폐 투자자는 기업이 암호화폐를 발행한 사실만으로 프로젝트에 성공했다고 생각하면 안 된다. 토큰 발행은 사업의 시작이다. 짧게는 3년, 길게는 8년 동안 회사가 약속을 어떻게 지키고 있는지 꼼꼼히 확인해야 한다. 현재 대부분의 프로젝트는 2016~2017년 사이에 ICO를 진행했고, 다가오는 2020년 전에 승패가 정해질 것이다. ICO에 성공하고 시장성이 검증되어 거래소에 상장했던 암호화폐라도 플랫폼이 상용화되지 않거나, 운영에 차질이 생겨 문을 닫을 수도 있다. 이때, 실패를 인정하고 운영을 그만두는 기업은 그나마 양심적인 기업이다. 더 무서운 것은 실패한 것을 알리지 않고 거짓말로 운영을 계속하는 경우다. 아니, 처음부터 사기를 목적으로 암호화폐를 발행한 기업들이 차고 넘친다. 이런 암호화폐도 모두 사라지게 될 것이다. 과정이 좋지 않으니 결과가 안 좋은 것은 불 보듯 뻔하다.

지능형 사기코인

앞서 암호화폐 발행은 어렵지 않다고 말했다. 토큰을 만드는 일은 더 쉽다. 토큰을 만드는 일보다 성공시키는 게 힘들다. 토큰을 성공시키기 위해서는 돈, 지식, 운, 사업적 재능이 필요하다. 하지만 현재 시장에서는 토큰을 얼렁뚱땅 운영하는 공식이 존재하는데, 바로 마케팅 중심의 운영을 펼치는 것이다. 그리고 마케팅을 중심으로 운영하면 시장이 반응한다는 사실을 사기꾼이 많이 활용한다. 블록체인에 대한 기대감으로 암호화폐 열기가 뜨거우니 소위 한탕 하겠다는 사람들이다.

이들은 암호화폐 시장이 규제가 없고 미성숙한 점을 이용해 아주 지능적인 사기를 행한다. 애초에 제대로 운영할 생각이 없거나 역량이 안 되는데 암호화폐를 발행하고 블록체인 개발을 진행

하는 암호화폐를 지능형 사기코인 혹은 지능형 스캠코인Scam Coin
이라고 부른다. 우리는 이러한 암호화폐를 발견하면 외면해서 사
라지게 만들어야 한다.

구분	ICO 진행 여부	거래소 상장 여부	플랫폼 개발 및 커뮤니티 운영 여부
낮은 단계의 스캠코인 (토큰)	O	X	X
중간 단계의 스캠코인 (토큰)	O	O	X
높은 단계의 스캠코인 (토큰)	O	O	O
제대로 운영하는 토큰	O	O	O

낮은 단계의 스캠코인은 ICO 이후 사라진다. 2016년부터
2017년까지 전 세계적으로 ICO 열풍이 불었다. 예전만큼은 아니
지만 오늘날에도 ICO 열풍은 계속 이어지는 듯하다. 〈비트코인
매거진〉에 따르면 작년 한 해 동안 진행된 ICO는 4,000개가 넘고
총 10조 원이 넘는 자금이 여기에 흘러 들어갔다고 한다. 충분히
검증되지 않은 암호화폐에 이렇게 투자하는 건 가격 상승을 예측
하고 진행한 것이 틀림없다. 하지만 이들 중 성공적으로 ICO가
마무리되고 거래소에 상장되어 거래되는 암호화폐는 그리 많지

않다. 실제로 ICO 100개가 진행되었을 때 20%를 제외한 나머지 80%는 스캠코인을 목적으로 둔 암호화폐라고 한다. 오직 20%만이 제대로 운영할 목적으로 ICO를 진행하고 이 중에서 3~4%만이 정상적으로 운영된다고 하니 ICO는 리스크가 높은 투자기법임은 분명하다. 암호화폐 발행을 통해 사기를 행하는 사람은 ICO가 법적인 제약이 없다는 점을 이용한다.

전 세계적으로 ICO는 합법인 경우가 많다. 정확하게는 불법이 아닌 경우가 많다. 대한민국에서도 ICO는 행정적인 금지일 뿐, 법적으로는 금지가 아니다. 대한민국에서 ICO를 진행해도 집행할 구체적인 제재방안과 처벌방안은 실존하지 않는다. 2018년 3월에 진행된 토큰스카이 콘퍼런스에서도 법률 사무소 김앤장의 파트너 변호사는 국내에는 ICO 관련 법률이 없다고 말한 바 있다. 현행법상 ICO는 유사수신법과 소비자보호법에 적용될 가능성만 존재하는 상황이다. 해외에서도 마찬가지다. 중국과 베트남 등 ICO를 불법으로 지정한 국가를 제외하고는 허용된다. 오히려 일본과 싱가포르는 ICO에 대한 상세한 가이드라인까지 나온 상황이다. 게다가 암호화폐 사업은 국경이 없다. 자금 모금 과정을 암호화폐로 진행하기 때문에 은행과 정부를 거치지 않는다. 사기꾼은 ICO로 투자를 받고 사업을 진행하지 않아도 법적인 처벌을 받지 않는다. 책임을 질 필요도 없다. 애초에 ICO를 진행할 때 받는 동의서에 ICO 참여자는 ICO의 리스크와 위험성을 충분히 인지하고, 토큰을 발행하는 주체는 어떠한 법적인 책임이 없다는 것을 명시하고 시작하기 때문이다. 그러니 사기꾼은 ICO를 통해서 비트코인이나 이더리움을 투자받고 도망가도 문제없다고 판단한다. 이른바 '코인 먹튀'다. ICO를 악용해서 탄생한 토큰은 분명히 쓸모도 가치도 없는 사라질 암호화폐다. 언제 사라져도 이상하지 않은 스캠코인을 구입하는 행동은 절대로 현명하지 못한 결정이다.

ICO로 스캠코인을 만드는 기업은 다음과 같이 한다. 우선 웹사이트를 번지르르하게 꾸미고, 백서에는 온갖 휘황찬란한 단어들을 사용한다. 구체적으로, 웹사이트에 '신뢰를 바탕으로 한 4.0세대 암호화폐' 혹은 '빅데이터와 AI에 확장 가능한 5세대 블록체인'이라 적고 화려한 모션그래픽을 적용한다. 웹사이트만 훑어보면 아마존이나 구글만큼의 기술력을 가진 회사처럼 보인다. 멋진 아이콘에 어려운 단어를 사용하면 사람들은 현혹되기 시작한다. 블록체인이 활용될 수 있는 거의 모든 4차 산업혁명의 핵심기술을 언급한다. 사물인터넷, 빅데이터, 인공지능, 머신러닝, 스마트 계약까지 없는 게 없다. 이런 웹사이트를 이용해 ICO 참여자들을 모으고 투자를 유도한다. 스캠코인은 ICO를 위해 놀라운 팀을 구성하기도 한다. 지능형 스캠코인의 웹사이트를 살펴보면 팀을 공개하지 않거나 너무 완벽한 팀이 많다. 그나마 팀 구성을 공개하지 않으면 양호한 편이다. 이러한 암호화폐 ICO에 참여하려는 사람은 거의 없을 것이기 때문이다. 문제는 팀을 완벽하게 구성해 개인의 이력서가 담긴 링크드인LinkedIn까지 연결해 놓은 경우

현존하는 암호화폐 99%가 사라진다

다. 여기에 ICO 초보 투자자는 속아 넘어간다. 팀에는 유명기업의 금융인, 기업가, 최고의 마케터, 프로그래머까지 포함된다. 출신 대학은 당연히 최소 아이비리그, MIT, 서울대학교다. 하지만 이들이 해당 회사에서 일하는지 검증할 방법이 없는 게 가장 큰 문제다. 번지르르한 약력을 보고 투자를 결정하는 사람들을 타깃으로 잡는다.

스캠코인의 백서는 더욱 충격적이다. 낮은 단계의 스캠코인 백서는 보통 다른 암호화폐의 백서를 베껴서 사용한다. 스캠코인 개발자는 유명한 암호화폐 백서의 이름만 바꿔서 내놓는다. 사람들이 백서를 구체적으로 읽지 않는다는 점을 이용한다. 영어로 길고 장황하게 써져 있고 그림과 도표까지 있으면 대부분의 투자자는 믿으려고 한다. 이런 ICO 준비과정이 끝나면 스캠코인의 ICO가 시작된다. 구글과 페이스북에 유료광고를 게재하고 ICO 참여방법을 쉽게 설명하면 초보자가 참여하기 시작한다. 어떤 스캠코인은 유튜브의 암호화폐 리뷰를 전문적으로 하는 유튜버에게 추천을 부탁하기도 한다.

이런 낮은 단계 스캠코인의 대표적인 예로는 원코인ONECOIN이라는 불가리아에서 탄생한 암호화폐가 있다. 원코인은 폰지스캠의 일종으로 총 1,200억 개가 발행되어 시장에 뿌려졌다. 이 암호화폐가 스캠인 이유는 다음과 같다. 우선 암호화폐를 개발하는 팀이 소개되지 않았으며, 그 흔한 백서 한 장 없었다. 또한 프로그램의 프로토타입(사용할 수 있는 플랫폼 혹은 생태계의 기초 버전)조차

72

공개되지 않았다. 원코인의 참여자로 알려진 루자 이그나토브_{Ruja} _{IGnatov}는 이미 수많은 스캠코인 ICO를 통해 많은 피해를 입힌 인물이다. 원코인 웹사이트를 들어가면 어디서 베긴 듯한 수많은 오타가 발견됐고 기술적인 설명 또한 너무나 부족했다. 이들은 유럽을 중심으로 암호화폐를 법정화폐로 판매해 총 3,500억 원을 모금했다. 이처럼 법정화폐를 활용해 유사수신행위와 폰지사기를 행했던 원코인 개발진 18명은 현재 감옥에 수감되어있다.

낮은 단계의 또 다른 스캠코인 예로 이미 암호화폐 투자자들에게는 익숙한 베리타시움_{Veritasium}이 있다. 베리타시움은 이더리움을 기반으로 토큰이 만들어지고 ICO까지 성공적으로 마친 암호화폐다. 그러던 어느 날 베리타시움은 갑자기 54억 원어치의 암호화폐가 해킹되었다고 주장하면서 운영을 멈췄다. 이에 대해 수많은 투자자와 대중들이 해명을 요구했지만, 관계자는 해킹이 어떻게 일어났는지 구체적으로 설명하지 못했다. 수많은 베리타시움 토큰_{VERI}이 탈취되어 시장에서 사라져버렸다. 이렇듯 플랫폼이 만들어지기도 전에 토큰이 해킹되어 VERI 토큰은 아무도 원하지 않는 암호화폐가 되었다. 시장에서는 베리타시움처럼 '해킹이 되었다' 그래서 '운영을 중단한다'는 암호화폐들이 적지 않다. 진짜로 해킹이 되었을지 모르지만, 암호화폐와 관련된 해킹사건은 대체로 내부자 소행이라고 단정 짓는 경우가 많다. 베리타시움과 수백 개의 암호화폐는 이렇게 사라진다.

황당한 경우의 스캠코인도 존재한다. 바로 제대로 된 ICO에 그림자처럼 따라다니는 그림자 스캠코인이다. 가장 대표적으로는 최근에 진행한 텔레그램 ICO에서 나타났다. 세계적인 메신저인 텔레그램이 TON이라는 블록체인을 만들어 토큰을 판매한다는 발표를 하자마자, '가짜 텔레그램'이 완벽한 ICO 웹사이트를 만들어 대규모 투자자를 모집했다. 이때 진행된 가짜 텔레그램 ICO의 사전판매Pre-ICO에서 총 1,200만 개의 스캠코인이 판매되었고, 이들은 약 103억 원의 ICO 투자금을 갈취했다. 국내에서 가짜 텔레그램의 ICO에 참여한 한 투자자는 웹사이트를 너무 정교하게 만들었고, 로드맵, 개발진, 백서까지 완벽하게 준비해 전혀 의심하지 않았다고 말했다. 텔레그램의 설립자 파벨 두로프Pavel Durov는 자신의 트위터에서 2018년 1월에 진행된 ICO는 텔레그램의 ICO가 아니며, 공식적인 뉴스는 자신의 웹사이트에서 진행한다고 밝혔다. 텔레그램의 진짜 ICO는 3월에 시작하였다.

낮은 단계의 스캠코인 개발진은 ICO에서 목표 모금액을 달성하지 않아도 크게 개의치 않는다. 적은 돈이라도 모이면 스캠코인 기획자는 그것을 가지고 떠난다. 보통 ICO에 참여한 사람들에게 기념 주화로 ERC20 토큰을 만들고 배분한다. 사람들은 이 토큰이 스캠인지 모르고 소중하게 갖고 있다가 토큰회사 소식이 업데이트되는 날만을 기다린다. 그러던 어느 날 웹사이트가 사라지자, 사람들은 자신의 암호화폐가 스캠이라는 것을 깨달은 뒤 암호화폐를 처분하게 된다. 이렇듯 낮은 단계의 스캠코인은 ICO 이후 시장에서 사라진다. 낮은 단계의 ICO가 아직도 성행하는 이유는 ICO로 일확천금을 노리는 미성숙한 투자자들이 시장에 여전히 존재하기 때문이다.

중간 단계의 스캠코인은 상장 후에 사라진다. 보통 낮은 단계의 스캠코인은 ICO를 성공적으로 마치고 모금한 암호화폐를 세탁해 수익금을 챙긴다. 이렇게 만들어진 암호화폐는 시장에 외롭게 남겨지고 자연스레 사라진다. 중간 단계의 스캠코인은 ICO를 마친 다음의 행보가 다르다. 이 스캠코인을 만드는 이들은(중급자라고 한다) ICO보다 큰돈을 벌 수 있는 것이 암호화폐 시세조작이라는 사실을 알고 있다. ICO의 모금과정이 끝난 뒤, 중급자는 모금액을 이용해 특정 암호화폐 거래소에 토큰 상장을 추진한다. 충분히 검증되지 않은 코인이어도 곧바로 상장시켜주는 암호화폐 거래소를 이용한다. 예를 들어, 홍콩을 기반으로 한 HI거래소, 스웨덴의 CO거래소, 아일랜드의 CR거래소는 일정량의 토큰과 비트코인을 송금하면 영구적으로 암호화폐를 상장시켜준다. 중급자는 ICO에서 모금 받은 금액의 일부를 활용해 거래소에 암호화폐를 상장시킨다. 토큰이 상장되어 거래가 시작되면 장기간에 걸쳐 자기가 보유한 암호화폐를 비트코인이나 이더리움으로 처분한다. 당연히 블록체인은 조금도 개발하지 않지만, ICO에 참여한 사람들은 차익에 관심을 두고 개발상황은 크게 신경 쓰지 않는다. 거래소에 상장되었으니 의미 있는 성공을 거뒀고 좋은 ICO에 참여했다고 판단한다.

스캠코인 개발자가 돈을 조금 더 벌고 싶다면 시세조작 기술자

75

에게 연락한다. 세계 각지에 있는 시세조작 기술자는 일정물량과 비트코인을 보내주면 일정량의 시세를 조정한다. 기술자가 조작해주는 것은 크게 2가지다. 하나는 암호화폐의 거래량을 조절한다. 갖고 있는 토큰을 바탕으로 시장에 30~40번 회전시켜 총 거래량을 상승시킨다. 특정 암호화폐의 거래량이 많아지면 관심을 보이는 투자자들이 나타나고 이러한 투자자들이 토큰을 충분히 구입하게 유도한다. 다른 하나는 가격을 조작한다. 거래량을 꾸준하게 상승시키면 가격 상승을 예측한 투자자가 찾아온다. 이러한 투자자들이 토큰을 구입하면 암호화폐의 시세는 점차적으로 상승한다. 암호화폐를 구입한 투자자는 가격이 오른다고 생각하지만, 실제로는 개발자가 자신의 암호화폐를 판매하고 있는 셈이 된다. 충분한 수요가 생기면 기술자는 가격을 일시적으로 높이고 매수자에게 물량을 넘기는 펌핑 앤 덤핑Pumping and Dumping을 한다. 펌핑 앤 덤핑이 끝나면 시세조작 기술자와 개발진은 실현한 차익을 나눠 갖고 시장을 나선다.

이렇게 얻은 수익은 ICO 이외의 부가수입이다. ICO를 성공시키고 거래소에 상장해 투기꾼에게 연락하는 과정까지도 엄청난 노력이 든다. 개발진은 ICO와 암호화폐 발행을 이용해 투기를 조장하고 아무런 가치 없는 토큰을 시장에 뿌리고 떠난다. 중요한 것은 이렇게 뿌려진 암호화폐를 초보 암호화폐 투자자들이 가격 상승에 대한 기대감에 덥석 구입하는 현실이다. 플랫폼이 전혀 개발되고 있지 않는 유령 회사의 토큰이 거래소에 상장되어 시세를 갖고 판매된다.

중간 단계 스캠코인의 대표적인 예는 최근 미국 증권거래위원회SEC가 사기로 판명한 센트라CTR 코인이다. 센트라는 암호화폐를 직불카드로 활용할 수 있도록 변환해주는 암호화폐 기반 카드회사였다. 센트라 토큰을 보유하면 카드를 발급받을 수 있었다. 따라서 암호화폐를 실물경제에 사용하고 싶었던 개인들이 대량으로 투자해왔다. 자동차딜러와 사기꾼이 공동으로 설립한 센트라는 ICO에서 약 339억 원의 자금을 모았고 유명 암호화폐 거래소인 바이낸스와 오케이코인에 상장했다. 그리고 누구나 알만한 유명인 메이워더를 대표 홍보모델로 고용하거나, 그럴싸한 센트라 카드를 발급해 오프라인으로 결제하는 모습까지 보여주며 사람들을 현혹했다. 게다가 센트라는 비자VISA, 마스터카드Mastercard와 계약했다고 거짓뉴스를 내보낸 뒤 시세조작을 통해 엄청난 가격 상승을 유도했다. 그러나 미국 증권거래위원회가 밝힌 내용은 다음과 같았다. 그동안 센트라에서 발표한 파트너사들은 모두 거짓이며, 대표의 링크드인에 올라온 내용도 모두 거짓이었다. 게다가 회사 잔고는 이미 두 대표가 암호화폐로 옮겨 하나도 없는 상황이며, 웹사이트에 소개된 개발진과 경영진은 가짜로 섭외한 것이고, 플랫폼은 개발 시도조차 되지 않았다고 한다. 둘 중 한 대표는 조사과정에서 개발에 돈을 투자하지 않고 소셜미디어 마케팅과 유명인사 고용 등에 활용하며 탕진했다고 밝혔다. 결국 473원에 거래되던 센트라 코인은 현재 1원에 거래되고 있으며, 거의

77

모든 암호화폐 거래소가 센트라 코인 상장을 폐지했다. 이렇게 한때 시가총액 2,907억 원을 자랑하던 센트라 코인은 단숨에 사라졌다. 센트라에 문제가 있다는 것을 ICO 이후에라도 알았다면, 그래서 거래소가 자체적으로 검열한 후 상장시키지 않았다면, 피해를 덜 입히고 사라졌을 것이다.

현재 암호화폐 시장에는 센트라 같은 중급 사기코인이 정말 많다. 이들의 사기행각은 웹사이트, 백서, 커뮤니티 사이트 그 어디에도 드러나지 않는다. 암호화폐 기업 운영이 굉장히 비밀스럽고 불투명하기 때문에 벌어지는 시장의 고질적인 문제다. 게다가 이들은 가짜뉴스를 배포하거나 암호화폐 투기세력을 끌어들여 시세를 조절한다. 아직까지도 시장이 성숙하지 않아 대다수의 사람들은 토큰 플랫폼의 중요성이나 사실 여부는 깊게 고려하지 않는다. 투자자는 오직 일시적인 가격 상승과 자극적인 수익률에 눈이 멀었고, 스캠코인의 개발자는 그 점을 이용해 투기꾼들이 갖고 놀 장난감을 매일같이 양산하고 있다.

높은 단계의 스캠코인은 부분적으로 운영된다. 이 단계로 분류되는 암호화폐는 보통 처음부터 많은 노력을 들이면서 사기를 치려고 하지는 않는다. 이들은 보통 사기 치려고 시작했는데 상상 이상의 결과에 그럴 필요가 없어진 경우, 혹은 플랫폼 개발에 한계를 느껴 거짓말로 진행하는 척하는 경우 둘 중 하나다. 처음부터 높은 단계의 사기코인이 되려는 암호화폐는 흔하지 않다. 정말 사기를 행하려는 개발자라면 만들어낸 암호화폐를 보통 ICO

라스트 코인

단계나 거래소 상장 직후에 팔고 시장을 떠난다. 높은 단계의 스캠코인은 낮은 단계, 중간 단계보다 더 번거로운 실질적인 노력이 있어야 한다. 일단 낮은 단계, 중간 단계의 스캠코인이 진행한 일은 당연히 진행한다. 오히려 훨씬 많은 노력과 주의를 기울인다. 노력한 만큼 투자가 몰리고 가치가 부여된다는 사실을 알고 있기 때문이다. 이들은 공통적으로 전용 암호화폐 지갑Cryptocurrency Wallet도 개발하고 웹사이트도 꾸준히 업데이트한다. 테스트넷Test Net을 론칭하기도 하고 사실상 전혀 의미 없는 유명 기업과 업무제휴협약도 맺는다. 이런 높은 단계의 사기코인은 알아볼수록 믿음이 가게끔 운영한다. 실제 제대로 운영되는 이더리움만큼 열심히 활동하는 스캠코인도 있다.

높은 단계 스캠코인일수록 커뮤니티 활동에 집중한다. 커뮤니티 활동이란 암호화폐를 지지하는 사람들을 대상으로 회사의 운영사항이나 개발현황을 브리핑하는 이벤트를 말한다. 대표적으로 전 세계를 돌아다니며 밋업Meetup을 개최한다. 밋업은 코인의 초기 투자자나 열렬한 지지자를 대상으로 아이디어를 설명하고 개발정보를 나누는 행사다. 이때 회사는 현재 진행사항을 설명하거나, 중대사항을 발표한다. 보통 이때 좋은 정보가 오가기에 밋업이 끝나면 가격이 오른다. 이렇듯 커뮤니티가 가격을 유지하고 지탱해주는 지지자이기 때문에 커뮤니티 관리에 신경을 쓰는 것이다. 더 많은 사람을 커뮤니티에 끌어들이기 위해 고급 호텔이나 초대형 강연장을 빌리는 경우도 많다. 번지르르한 커뮤니티에 반한 투자자는, 스캠이든 아니든 그 암호화폐를 믿게 된다.

　높은 단계 스캠코인이 암호화폐 10위권에 존재하는 경우도 있다. A암호화폐는 현재 전문가와 거래소 관계자 사이에서 최고급 사기코인으로 분류되기 시작했다. 기막힐 정도로 빈틈없는 백서, 사기극을 벌일 이유가 없을 것 같은 웹사이트, 지갑개설 그리고 깃허브 활동을 진행하고 있다. 3세대 암호화폐라는 컨셉을 발표해 유명세를 탔고, 새로운 합의 메커니즘과 퀀텀컴퓨터의 해킹 공격을 방어할 수 있다는 아이디어로 각광받았다. 하지만 개발진이 개발해낸 암호화폐가 어디에 활용될지 사업적인 성공이 불분명하다는 것이 전문가들의 지적이다. 이 암호화폐의 미래는 소위 모 아니면 도다. 백서대로만 가면 그 어떤 코인보다 대박이고 아니면 쪽박이다. 이 암호화폐가 스캠코인이라는 주장은 거래소 관계자로부터 나왔다. 국내의 한 대형 암호화폐 거래소의 임원은 거의 대부분의 거래소가 이 암호화폐를 주시하고 있다고 한다. 실제로 이 암호화폐가 거래되는 거래소는 크게 3군데인데, 이 3군데 모두 높은 거래량을 기준으로 암호화폐를 상장하고 문제가 생기면 폐지하는 곳이다. 거래소 관계자가 말하길 A암호화폐는 밋업을 전 세계에서 많이 진행하지만, 의미 있는 사업적인 성과가 나오지 않는다고 한다. 그들의 주장대로 좋은 블록체인과 암호화폐가 개발되어도 사용처가 없을 가능성이 높다는 말이다. 비슷한 시가총액을 지닌 이오스EOS가 자체 블록체인 출시 전에 전 세계 수많은 우수한 암호화폐 거래소와 유명 암호화폐 지갑에 등록된 것과는 상반된다. 해외 암호화폐 커뮤니티인 비트코인톡 Bitcoin Talk에서도 A암호화폐는 가장 보수적이라는 일본 거래소에 전혀 상장되지 않았고, 의미 있는 파트너십이 없으며, 대표 개발자가 밋업을 핑계로 세계여행이나 다닌다는 비판까지 나오고 있다. 그러나 이 암호화폐를 믿고, 좋아하고, 신뢰하는 투자자에게 스캠코인이라는 주장은 극심한 반발을 일으킨다. 사람들은 사실이 아닌 믿고 싶은 것을 믿는다고 했던가. 높은 단계의 스캠코인 개발진을 보면서 사람들은 이 암호화폐가 진짜라고 믿는다. 이처럼 높은 단계의 스캠코인은 완벽하게 판명되기 어렵다. 암호화폐 기업이 워낙 폐쇄적이고 감시하는 기관이 없어 미국 증권거래위원회 등에 사건이 제보되지 않는 이상 완벽한 검증이 불가능하다.

현재 시장에서 높은 단계의 스캠코인으로 서서히 드러나는 암호화폐는 아인슈타이늄EMC2 코인이다. 아인슈타이늄 코인은 2014년부터 현재까지 블록체인이 생성되어있고, 마이닝도 이루어지는 실체가 있는 것이다. 누군가가 개발하고 있고 메인노드를 운영하고 있는 것을 쉽게 확인할 수 있기 때문에 이 부분에 대해서는 논란거리가 없다. 즉, 블록체인 자체는 스캠이 아니다. 이 블록체인은 지금 이 순간까지도 새로운 블록이 생성되고 있을 가능성이 높다. 그러나 아인슈타이늄 코인이 스캠코인으로 분류되는 핵심적인 이유는 운영방식과 불투명성에 있다. 아인슈타이늄 코인의 블록체인은 라이트코인 블록체인을 가져와 쓴 포크체인임에도 불구하고, 뭔가 새롭고 가치가 있다는 듯 의미를 부여하고 프로젝트가 활발하게 진행되는 것처럼 포장해 홍보하고 있기 때문이다.

아인슈타이늄 코인의 웹사이트나 트위터를 들어가 보면 다양한 마케팅과 로드맵을 설명해놓았다. 세련된 웹사이트에 아인슈타이늄 코인이 불우이웃 돕기에도 사용된다는 문구와 함께 장대한 계획을 가진 것처럼 설명한다. 그러나 아인슈타이늄 코인은 본인이 주장하고 있는 비전 및 개발상황이나 로드맵을 전혀 증명하지 못하고 있다. 정말 제대로 된 프로젝트라면 누가 일하고 있는 것과 진행사항을 구체적인 일정에 맞게 공표하고 오픈소스도 공개하는 게 옳다. 대표적인 암호화폐 이더리움처럼 말이다. 그러나 아인슈타이늄 코인은 계속 새로운 문구를 만들어내고, 웹사이트를 업데이트하면서도 새롭게 개발된 코드는 전혀 내놓고 있지 못하다. 코드를 정말 제대로 개발하고 있다면 숨길 필요도 없는 오픈소스인데 외부에 공개하지 않는다는 게 논리적으로 맞지 않는다. 이런 커뮤니티의 주장은 아인슈타이늄 코인의 코드가 올라와 있는 깃허브에도 잘 드러나 있다. 깃허브를 살펴보면 1만 3,000개의 커밋Commit, 200개의 릴리즈Release, 428명의 기여자, 1만 2,000개가 넘는 토크 등 엄청나게 활발하게 활동하는 커뮤니티처럼 보인다. 실제 아인슈타이늄 코인의 코드를 살펴보면 첫 6개월 동안은 라이트코인의 코드에서 이름 하나만 변경했다. 게다가 커밋을 살펴보면 아무런 의미 없는 내용을 반복해서 올렸다 지웠다

한 흔적들이 나온다. 더욱 충격적인 사실은 개발자가 1명인데 그 조차 모바일 개발자다. 아인슈타이늄 코인의 웹사이트, 백서, 깃허브 등 모든 내용이 허술하고 사기라는 게 서서히 밝혀지기 시작한 것이다. 안타까운 사실은 아인슈타이늄 운영진은 여전히 웹사이트를 개편하고, 트위터를 활용해 계속 발전하는 것처럼 공표한다. 투자자들은 이에 속아 아인슈타이늄을 계속해서 구매하고, 개발진의 배만 불려주고 있다.

현재 아인슈타이늄 코인은 한화로 약 220원에 거래되고 있으며, 시가총액은 500억 정도로 암호화폐 시장에서 200위 정도에 자리잡고 있다. 아인슈타이늄을 거래할 수 있는 암호화폐 거래소는 크립토피아와 폴로닉스, 비트렉스, 업비트다. 이 중 크립토피아와 폴로닉스는 충분한 검증 없이 암호화폐를 상장시켜주는 거래소다. 비트렉스와 업비트는 최근에 40개가 넘는 암호화폐를 상장 폐지시킨 전례가 있는 거래소다. 아인슈타이늄 코인은 아직까지도 시장에서 거래되지만, 언젠가 스캠코인으로 밝혀져 시장으로부터 외면 받고 사라질 것이다.

비슷한 높은 단계 암호화폐로 최근에 거론되는 것이 비트코인 다이아몬드Bitcoin Diamond다. 비트코인 다이아몬드는 비트코인 블록체인에서 하드포크되어 만들어진 암호화폐다. 하드포크는 한 블록체인을 복제하고 변형한 뒤에 출시하는 과정을 말한다. 때문에 독자적인 컨셉과 기능이 존재하지 않으며, 구체적으로 어떻게 발전할 것인지에 대한 계획조차 없이 출시되었다. 비트코인 다이아

현존하는 암호화폐 99%가 사라진다

몬드는 2억 1,000만 개가 정해진 속도로 채굴되며, 채굴하는 기업은 비트코인 같이 불특정 다수가 아닌 비트코인 다이아몬드에서 정한 소수의 채굴기업이다. 즉, 비트코인 다이아몬드는 비트코인과 다르게 채굴자들이 동의하면 블록체인을 마음대로 주무를 수 있는 환상적인 조건을 지니고 있다.

비트코인 다이아몬드를 시장에서 스캠이라고 분석하기 시작한 이유는 다음과 같다. 비트코인톡에서는 비트코인 다이아몬드가 비트코인의 하드포크인 비트코인 캐시Bitcoin Cash, 비트코인 골드Bitcoin Gold와 다르게 엄청나게 많은 의혹을 갖고 있다고 이야기한다. 첫 번째 의혹으로는 비트코인 다이아몬드의 소셜미디어 활동이다. 비트코인 다이아몬드의 트위터는 2017년 11월에 등록되었지만 의미 있는 활동을 하고 있지 않다. 다른 소셜미디어인 슬렉채널Slack은 아예 운영하지 않으며, 텔레그램 그룹에서도 농담만 오고갈 뿐 개발진과 소통은 이루어지지 않는다. 게다가 비트코인 다이아몬드의 웹사이트 도메인은 익명으로 등록되었는데, 해외 암호화폐 커뮤니티는 암호화폐의 도메인이 익명으로 등록되는 것에 대해서 사기성이 짙다고 판단해왔다. 또한 비트코인 다이아몬드를 'EXX.com'이라는 거래소가 도와주고 있다는 의혹이 제기됐다. EXX.com은 비트코인 다이아몬드를 가장 먼저 상장시켜준 암호화폐 거래소다. 재미있는 사실은 EXX.com이라는 암호화폐 거래소는 비트코인 다이아몬드가 하드포크한 2017년 11월 23일의 약 3주 전인 11월 초에 개장되기 시작했다. 이를 두고 커뮤니티에서는 비트코인 다이아몬드가 EXX.com에 상장되어, 다른 암호화폐 거래소가 이를 받아들이는 정당성을 제공한 것이라고 주장해왔다.

마지막으로 비트코인 다이아몬드의 개발진과 운영진이 매우 불투명하다. 웹사이트에 들어가보면 얼굴조차 나오지 않은 익명의 개발자 'EVEY'와 '007'이 비트코인 다이아몬드를 개발한다고 한다. 대표 직원은 물론 말단 직원까지 누가 암호화폐를 만들고 관리하는지 모른다. 운영 주체를 전혀 모르는 암호화폐를 구매하는 일은 상식적으로 납득되지 않는다. 현재 시장에 기술적으로 비트코인 다이아몬드를 지원하는 암호화폐 지갑이 없으며, 오히려 유명 암호화폐 지갑회사가 비트코인 다이아몬드와 엮이는 것을 극도로 불안해하는 점도 눈에 띈다. 예를 들어, 2017년 11월 비트고BitGO라는 유명한 암호화폐 지갑업체는 비트코인 다이아몬드와 그 어떤 관련도 없다는 것을 트위터에 급하게 명시했다. 또한 비트코인 다이아몬드 회사는 1개의 비트코인에는 10개의 비트코인 다이아몬드에 대한 소유권을 증명하는 프라이빗 열쇠Private key가 존재한다고 하지만, 실제로 이 주장을 뒷받침하는 소스코드가 개발되어있지 않다고 한다. 현재 굵직한 암호화폐 거래소에 상장되어있는 비트코인 다이아몬드지만 4,600억 원이 넘는 시가총액에 비해 거래량은 60억 원으로 심각하게 낮으며, 사실상 거래가 없다는 점에서 비트코인 다이아몬드는 운영되고 있는 듯한 행세를 하는 높은 단계의 스캠코인으로 분류된다.

하지만 안타까운 사실은 비트코인 다이아몬드 회사가 여전히 여러 가지 콘퍼런스에 적극적으로 참여하며 사람들의 눈과 귀를 속인다는 점이다. 비트코인 다이아몬드 회사는 세계적인 블록체인 및 암호화폐 모임이 있으면 빠짐없이 후원하고 직접 암호화폐의 미래에 대해 강연하기도 한다. 실제 2018년 3월 대한민국 힐튼호텔에서 열린 토큰스카이TokenSky에도 비트코인 다이아몬드가 투자를 진행하고 부스도 운영했다. 이런 모습을 보고 사람들은 비트코인 다이아몬드가 비트코인 캐시, 비트코인 골드와 같은 암호화폐라고 생각하기도 한다. 비트코인 다이아몬드의 가격이 비트코인에 비해 상대적으로 낮아서인지 투자자들은 2만 원이 웃도는 돈을 주고 구입하고 가격이 오르길 기대하고 있다. 이런 비트코인 다이아몬드의 운영 방식을 보면 가까운 시일 내에 사라질 것이라는 커뮤니티의 주장에 더욱 힘이 실린다.

높은 단계 스캠코인은 정상적인 암호화폐처럼 트위터, 유튜브, 슬랙 등의 SNS를 적극적으로 활용해 암호화폐를 맹신하는 커뮤니티를 키운다. 세련된 디자인으로 다양한 콘텐츠를 올리고, 회사 관계자는 고객들과 꾸준히 소통한다. 토큰을 원하는 사람들이 늘어나면 거래소에 꾸준히 상장되고 사람들은 더욱 환호한다. 초기 투자자들도 스캠코인이라고 의심하지 않는다. 의심해도 의미가 없다. 이미 ICO 대비 50배에서 100배의 수익을 얻었기 때문이다. 개발진은 자신들이 더 열심히 활동하고 돌아다닐수록 직접 만든 암호화폐의 가치가 올라간다는 점을 잘 활용한다. 사람들이 원하는 최종 단계의 dAPP이나 블록체인을 만들어내기 어렵더라도 높은 단계의 스캠코인 개발진은 사업을 멈추지 않고 한 푼의 돈이라도 더 벌어가려 한다. 안타깝게도 높은 단계의 스캠코인은 현존하는 암호화폐 시가총액 100위권의 많은 부분을 차지하고 있다.

스캠코인의 실체

이쯤 되면 스캠코인에 대해서 헷갈리는 독자가 생겨날 수도 있다. ICO를 잘 마쳐도, 거래도 상장을 해도, 제대로 운영을 해도 스캠코인일 수 있다. 스캠코인의 범위가 너무 넓다는 생각이 들지도 모른다. 헷갈린다면 기준을 이렇게 세워보라. 백서에 적힌 내용대로 사업을 진행하지 않고, 진행할 역량이 안 되는데 진행하는 시늉을 하면 스캠코인이다. 스캠코인은 계획대로 운영되지 않을 것이고, 현재 얻고 있는 인기와 투자도 시간이 지나면서 사라지게 될 것이다.

사실 현재 암호화폐 시장의 구조를 살펴보면 스캠코인이 존재하지 않는 것이 이상할 정도다. 시장이 비정상적으로 과열되어 있기에 이를 이용하고 싶은 사람이 나타나는 것은 자연스러운 현상일 수도 있다. 2017년 5월처럼 ICO를 진행하기만 하면 수십억 원이 바로 모금되던 시절도 있었다. 채굴해야 만들어졌던 암호화폐가 어느 순간 토큰으로 등장하면서 암호화폐 시장에는 거대한 변화가 생겼다. dAPP을 만들겠다는 목적 아래 막대한 자금을 투자받고 자유롭게 활용할 수 있는 현상이 생겼다. 토큰이 자유롭게 발행되는 걸 막을 수 없다면, 이들을 제대로 판별, 검증하지 않은 우리에게 피해가 돌아올 것이다. 코인데스크는 현존하는 암호화폐의 80% 이상이 스캠코인일 가능성이 높다고 분석했다. 따라서 스캠코인인지 아닌지 철저하게 검증해야만 한다. 암호화폐 기업이 열심히 노력했는데 실패하든, 스캠코인으로 끝나든 실패한 암호화폐는 버림받는다. 우리는 코인마켓캡에 집계된 암호화폐부터 아직 집계조차 되지 않는 수천 개의 암호화폐까지 엄청나게 많은 암호화폐가 버림받을 것이라는 사실을 인지해야 한다. 사기성 암호화폐를 단기수익률에 눈이 멀어 구입하고 거래하는 자신을 뒤돌아봐야 한다.

법적 규제

　암호화폐가 이렇게 빠르게 성장한 배경에는 법 규제의 부재가 존재한다. 암호화폐에 대한 법이 확립되지 않았기 때문에 다양한 아이디어가 시도될 수 있었고 투자도 자유롭게 진행될 수 있었다. 그러나 암호화폐 시장에 법이 생기는 순간 사용하면 안 되는 암호화폐가 나타날 가능성이 있다. 이런 암호화폐는 플랫폼 개발이 성공하고 스캠코인이 아니더라도 그 가치가 제로가 되어 사라질 수 있다.

2018년 3월에 미국 회계감사원에서 블록체인기술과 암호화폐 법안마련을 위한 제안서가 공개되었다. 미국 정부의 각 부처는 암호화폐의 위험성을 2가지 관점으로 바라보고 있었다. 첫 번째는 암호화폐를 활용한 불법 상속과 증여 그리고 돈세탁과 탈세다. 두 번째는 특정 암호화폐의 유사수신행위와 소비자보호법이 적용과 관련된 주장이었다. 미국 정부는 특정 암호화폐는 불법상속과 증여 그리고 탈세 등에 활용될 수 있기 때문에 강력한 규제 마련과 회계기준이 필요하다고 판단하고 있다. 또한 특정 암호화폐가 ICO를 통해 유사수신을 하고, 스캠코인 발행 등을 통해 소비자를 위협에 빠트린다고 보았다. 정부가 나서서 모든 암호화폐를 막을 가능성은 적지만, 특정 암호화폐를 위험으로 규정하고 금지시키는 것은 충분히 가능하다.

이미 미국 정부가 암호화폐를 금지시킨 대표적인 사례가 있다. 2018년 2월에 사라진 비트커넥트BitConnect다. 비트커넥트는 폰지사기 혐의로 미국 정부에서 폐쇄명령을 내렸다. 폰지사기란 아무런 이윤 없이 투자자들이 투자한 돈을 이용해 투자자들에게 수익을 지급하는 방식이다. 비트커넥트는 사용자가 자신의 암호화폐를 회사에 빌려주면 그 대가로 대여 기간에 따라 상당한 수익을 돌려주는 플랫폼이었다. 1만 달러를 180일 동안 맡긴다면 매달 40%씩 돈을 받을 수 있고, 매일 0.2%의 보너스도 지급한다고 광고했다. 네트워크 마케팅과 비슷한 추천 기능이 단계별로 있어 가입을 유도하기도 했다. 비트커넥트는 자체 트레이딩 봇을 이용해 사용자에게 지급할 수익을 만들어낼 수 있다고 주장했다. 이런 비트커넥트의 의심스러운 운영행태를 보고 펀드업계 거물인 마이클 노보그래치는 '비트커넥트는 사기이며 전형적인 폰지수법'이라고 트위터에 글을 올렸고, 이더리움 창시자 비탈릭 부테린이 이 글을 공유하면서 재차 위험성을 강조했다. 비트커넥트 대출 프로그램에 참여하기 위해서는 BCC가 필요한데, 이것이 필요한 구조를 만들었기 때문이다. 따라서 BCC의 수요와 가격이 올라갔다. 그러나 미국 정부의 비트커넥트 플랫폼 폐쇄 결정 이후 200달러 이상에 거래되던 비트커넥트는 불과 몇 시간 만에 99.7% 하락해 1달러 선으로 무너졌다. 토큰의 사용처가 없어졌기에 가격이 추락한 것이다.

정부가 dAPP 폐쇄를 결정한 일에서 투자자는 토큰의 사용처가 없을 때 혹은 없어졌을 때 토큰 가격에 일어나는 결과를 잘 살펴봐야 한다. 사용처가 없는 토큰은 단기간에 99% 이상 하락했다. 이는 복구 불가능한 수준의 하락이다. 시가총액 26조 원 대의 암호화폐가 한순간에 종잇조각이 되는 것을 보며 가치 없는 암호화폐에 투자하는 일이 얼마나 위험천만한 일인지 느껴야 한다. 다시 말하지만 아직까지 암호화폐 시장에는 구체적인 법이 없다. 법이 존재하기 않기 때문에 현존할 수 있는 암호화폐도 있다. 그러나 제대로 된 법률망이 생기는 것은 시간문제라고 보인다. 이미 세계 각국의 정부들은 암호화폐에 관해 탈세와 유사수신 그리고 소비자보호 관점에서 법률제정을 준비하고 있다.

비트커넥트 사태만 봐도 정부는 암호화폐를 없앨 수는 없어도, 암호화폐를 사용하지 못하게 만들 수는 있다. 블록체인 개발사 블록소스의 이동재 대표는 시간이 지나면 정부와 투자자를 중심으로 암호화폐에 대한 검열 작업이 시작될 가능성이 있다고 전망했다. 스캠코인일 가능성이 높은 암호화폐를 찾아내고 이를 법적으로 활용하지 못하게 하는 촘촘한 법률이 점차적으로 제정된다는 말이다. 블록체인에 대한 심도 높은 검증과 해당 팀에 대한 검증도 피할 수 없다. 암호화폐 회사가 정보를 투명하게 공개하지 않으면 암호화폐를 사용할 수 있는 플랫폼을 금지시킬 가능성이 높다. 그렇다면 정부에서 폐쇄하기로 결정한 암호화폐 가격은 비트커넥트처럼 곤두박질칠 것이다.

〈코인 텔레그래프〉는 2018년 1월 뉴스에서 정부의 강력한 제재를 가장 먼저 받을 암호화폐로 다음 기능을 담당하는 암호화폐를 선정했다. ① 이용자의 거래내역이 추적 불가능해 음지에서 활용되는 암호화폐 ② 폰지사기와 네트워크 마케팅으로 판매된 암호화폐 ③ 실물자산과 직결되어 ICO를 진행한 암호화폐. 정부는 특정 암호화폐 하나를 사라지게 만들 수 있다. 코인일 경우에는 암호화폐를 불법으로 규정하고, 사용했을 경우 추적을 통해 처벌하면 된다. 토큰일 경우에는 토큰이 활용되는 블록체인 플랫폼을 폐쇄할 것이다. 법적인 규제로 인해 특정 암호화폐가 사라

현존하는 암호화폐 99%가 사라진다

지는 리스크를 잊어서는 안 된다.

암호화폐끼리의 경쟁

암호화폐가 사라지는 마지막 이유는 암호화폐끼리의 경쟁이다. 비트코인과 경쟁하는 암호화폐는 다른 알트코인이다. 비트코인 전송속도는 10분으로 느린데, 이 점을 개선한 대시, 라이트코인 등이 존재하고, 여기에 익명성까지 더한 모네로와 지케시 등의 암호화폐가 존재한다. 코인끼리는 결제수단으로 발전하고 또 이용자들로부터 채택되기 위해 경쟁한다. 이더리움, 네오, 퀀텀과 같은 확장 응용 플랫폼이 대표적이다. 이들은 자신들의 블록체인 플랫폼 아래에서 다양한 dAPP이 만들어질 수 있도록 이용하기 쉬운 개발툴과 합리적인 비용을 서로 다른 방식으로 제공한다. dAPP끼리도 물론 경쟁한다. 예를 들어, 사물인터넷 분야에 활용될 수 있는 암호화폐로 왈튼코인Walton, 브이체인VeChain, 완체인WanChain 등이 경쟁하고 있다. 이런 암호화폐끼리 경쟁에서 도태되는 것은 그 가치가 떨어지거나 시장에서 버림받아 사라진다.

암호화폐가 경쟁에서 살아남기 위해서는 크게 2가지 요소를 갖춰야 한다. 가장 우선시되는 것은 암호화폐가 사용되는 블록체인 플랫폼의 우수성과 암호화폐의 유용성이다. 두 번째는 소비자의 마음을 사로잡는 사업적 역량과 실질적인 파트너십이다. 거듭

강조하지만 암호화폐가 활용될 수 있는 실질적인 장소의 유무는 매우 중요하다. 만들어지는 것보다 잘 만들어지는 것은 더욱 중요하다. 예를 들어, 자체적으로 발행된 암호화폐로 이용할 수 있는 거래소 바이낸스와 비트쉐어가 시장에 등장한다고 하자. 바이낸스와 비트쉐어 모두 탈중앙화 암호화폐 거래소를 목표하며 자체적으로 개발한 블록체인에서 거래소 플랫폼을 운영하려 한다. 분명 둘 다 자체적으로 발행한 암호화폐가 사용된다. 바이낸스에서는 바이낸스 코인으로 거래소 수수료를 지불하거나 거래소 내부의 다양한 서비스를 유료로 이용할 수 있다. 비트쉐어는 비트쉐어 코인으로 플랫폼 내의 암호화폐 거래, 새로운 프로젝트 펀딩, 플랫폼 개편 시 투표 등 다양한 서비스를 이용할 수 있다. 바이낸스와 비트쉐어 모두 오늘날에도 꾸준히 개발되고 끊임없이 발전하는 플랫폼이다. 그래서 그 끝은 누구도 모른다. 하지만 두 암호화폐 중에서 현재 시장에서 더욱 각광받는 암호화폐는 바이낸스다. 이유는 간단하다. 바이낸스 플랫폼이 비트쉐어 플랫폼보다 이용하기 편해 더 많은 사람으로부터 선택받았기 때문이다. 그리고 더 많은 사람이 바이낸스 플랫폼을 이용하면서, 바이낸스 토큰의 가치와 유용성이 늘어났고 바이낸스 거래소는 발생된 수익을 바탕으로 플랫폼에 더 많은 투자와 도전적인 실험을 진행할 수 있게 되었다. 그렇다고 비트쉐어의 우수성이 떨어진다는 이야기는 아니다. 하지만 거래소에서 똑같이 활용되려는 암호화폐의 시가총액이 10배 이상 차이 나는 것은 바이낸스의 사업성과가 좋기 때문이다. 바이낸스와 비트쉐어 외에도 비슷하거나 같은 목표를 지닌 암호화폐도 소비자의 선택을 받기 위해 노력해야 한다. 플랫폼 완성 후 시장에 제공해도, 사람들의 선택에 따라 그 가치가 다르게 판명난다.

결제 기능을 목표로 하는 두 알트코인도 비교해보자. 첫 번째 알트코인은 속도가 빠르고 익명성마저 보장되는 대시다. 두 번째 알트코인은 빠르고 안전한 결제가 되는 ECC코인E-Currency Coin이다. 두 알트코인 모두 수초 내 암호화폐 송금이 가능하고, 익명성이 보장되며, 자신의 송금데이터를 안전하게 지킬 수 있는 공통점을 지닌다. 둘 다 PoS 증명과정으로 채굴되고 참여자가 블록체인 운영에 참여할 수 있다는 점에서 동일한 수준의 기능을 지닌다. 그러나 시장에서 대시의 시가총액은 3조 원이 넘는 반면 ECC 코인은 300억 원대에 불과하다. 같은 기능을 활용할 수 있지만, 시가총액이 다르다는 것은 시장에서 채택되지 않고 있다는 것을 의미하기도 한다. 이용자의 숫자를 살펴보면 더 명확하게 알 수 있다. 대시의 이용자는 67만 1,445명임에 반해 ECC 코인의 이용자는 9,473명에 불과하다. 같은 수준의 플랫폼과 기능을 지니고 있더라도 시장의 선택은 분명히 다르다.

확장 응용 플랫폼을 지향하는 두 암호화폐 이더리움과 네오도 살펴보자. 이더리움과 네오 둘 다 블록체인 플랫폼을 제공해 dAPP이 개발되는 것을 목표로 하는 종합 블록체인 플랫폼이다. 둘 다 채굴이 가능하고, 스마트 계약을 활용하며, 실제로 수많은

ICO들이 이 플랫폼을 이용해 탄생했다. 하지만 이더리움의 시가 총액은 현재 시장에서 약 52조 원을 형성하며 수많은 프로젝트와 암호화폐 관련 플랫폼에서 이용되고 있다. 반면에 네오의 시가총액은 4조 3,000억 원으로 상대적으로 낮은 시가총액을 형성하는 것을 볼 수 있다. 이용자의 숫자를 살펴보면 그 차이는 더욱 극명하게 나타난다. 이더리움 블록체인을 검증하는 이더스캔Etherscan에 따르면 전체 지갑 수는 3,093만 개로 집계된다. 네오 블록체인을 검증하는 네오스캔NEOSCAN에 따르면 네오 전체 지갑 수는 90만 6,471개다. 비슷한 기능, 같은 개발 수준, 똑같은 목적을 지니고 있더라도 시장은 특별한 암호화폐를 선호하는 경향이 있다. 같은 플랫폼을 만들더라도 더 잘 만들어야 한다. 그리고 더 잘 만드는 것만으로는 부족하다. 더 많은 사람들이 플랫폼과 그 암호화폐를 사용해야 가치가 생긴다.

확장 응용 플랫폼 시장만 해도 이더리움, 네오 그리고 이와 비슷한 이오스, 퀀텀 등의 훌륭한 플랫폼이 있다. 그러나 여전히 더 많은 블록체인 플랫폼들이 새로운 프로젝트 이름과 암호화폐를 지니고 시장에 출범한다. 냉정하게 생각해봤을 때 사람들이 이미 시장에 등장해 치열하게 경쟁하는 암호화폐를 두고, 상대적으로 적은 사람들이 사용하는 덜 검증된 플랫폼을 사용하지 않을 것이다. 말했지만 암호화폐와 블록체인은 더 많은 사람이 사용하면 사용할수록 강력해지고 가치가 높아진다. 그리고 그와 정반대로 쓰는 사람이 적을수록 가치가 떨어질 가능성이 높다. 사용자가 없는 암호화폐는 언젠가 사라진다. 현재 시장의 암호화폐들은 서로 다른 목적과 이용가치를 두고 탄생했다. 결제수단을 목표하는 비트코인과 알트코인은 서로 이용자를 늘리기 위해서 경쟁한다. 확장 응용 플랫폼을 목표하는 이더리움, 네오, 퀀텀 등도 더 나은 플랫폼을 개발하고 이용자를 늘리기 위해 경쟁한다. dAPP에서 활용되는 암호화폐 토큰도 서로 경쟁한다. 더 나은 서비스와 이용가치를 제공해 사용자들이 사용할 수 있어야 암호화폐는 가치를 지닌다.

현재 하나둘씩 사라지는 암호화폐는 누가 봐도 스캠코인이거나 불법 서비스를 제공하는 암호화폐다. 예를 들어, 센트라Centra는 신용카드 서비스를 제공한다고 주장했지만, 개발진이 사기를 행한 것으로 판명되어 시장에서 사라졌다. 비트커넥트는 스캠코인이기도 했지만, 정부의 폐쇄 결정으로 사라졌다. 아직까지 암호화폐 시장에서 직접적이고 치열한 경쟁으로 인해 사라지는 암호화폐는 많지 않다. 현 상황은 사라진다기보다 상대적으로 낮은 가치를 부여받게 되는 정도다. 이렇게 시장에서 암호화폐끼리 피터지는 경쟁과 난타전이 일어나지 않는 이유는 시장이 너무나 미성숙하고 성장기에 있기 때문이다. 아직도 블록체인과 암호화폐 개발진 중에서 자신들이 만들어낸 결과물이 어떤 것인지 정확히 이해하지 못하거나, 어디에서 어떻게 활용될지 예측이 불가능하다고 말하는 사람들이 대다수다. 서로가 서로의 운영방법과 아이디어를 보며 배우고, 베끼고, 발전시키는 단계다. 서로 잘 성장할 수 있도록 지켜봐야 한다.

투자시장의 분위기도 똑같다. 마치 부모님이 어린 자식들이 어떻게 크고 있나 지켜보고, 문제를 일으켜도 어느 정도 눈감아주는 시기와 같다. 장남인 비트코인과 장녀 이더리움의 성장과정을 보고 아래 동생들도 잘 컸으면 하는 바람이 녹아있다. 그러나 어느 순간 우리가 예상하지 못한 이유로 암호화폐 시장에서 서로를 폭로하는 난타전이 벌어질 가능성이 높다. 앞서 말했듯 너무 많은 스캠코인이 존재하고, 불법적인 서비스를 제공하거나 이용가치가 전혀 없는 암호화폐가 넘쳐나기 때문이다. 즉, 쓰임이 없는 그리고 쓰임이 없을 암호화폐가 넘쳐난다. 이는 제대로 암호화폐를 운영하는 기업의 입장에서는 너무나 어이없는 상황이다. 이들이 쓸모없는 암호화폐에 계속 가치가 매겨지는 상황을 가만히 봐둘 이유가 없다. 선택을 받기 위해 어느 순간 시장에 경쟁사의 치명적인 결함을 흘릴 가능성이 있다.

강남에 본사를 둔 한 암호화폐 기업 M사의 CTO는 필자에게 이런 말을 한 적이 있다. "분명 플랫폼 자체와 가능성을 냉정하게 평가하면 자사의 암호화폐가 훨씬 우수한데, 왜 대한민국의 다른 Z사 암호화폐가 시장으로부터 각광받는지 모르겠다." 그에 필자는 "Z사가 마케팅적인 노력과 브랜딩에 열을 올렸고 시장에 그에 반응했기 때문이지, Z사가 우수하기 때문은 아닐 것이다"라고 대답했다. 언젠가 시장이 암호화폐에 대해서 냉정해지는 시기가 오고 암호화폐가 현실세계와 본격적으로 연결되기 시작할 때 Z사

99

의 암호화폐가 겉만 번지르르한 껍데기라는 사실이 세상에 알려질 것이다.

다가오는 2020년에는 전 암호화폐 시장에서 치열한 폭로전과 서로를 공격하는 난타전이 벌어질 가능성이 높다. 치열한 경쟁이 벌어지는 것이다. 그리고 경쟁에 이긴 암호화폐는 많은 점유율을 갖고, 패배한 암호화폐는 나머지 혹은 전혀 갖지 못하게 될 것이다. 경쟁에서 패배한 암호화폐는 당연히 사라진다. 사람들의 선택을 받지 못한 암호화폐 가격이 비트커넥트, 센트라, 베리타시움처럼 어느 날 갑자기 90% 이상 곤두박질쳐도 전혀 이상하지 않다. 이렇게 현존하는 대부분의 암호화폐는 사라진다.

- 갖고 있는 암호화폐를 사용할 수 없고, 가격이 갑자기 곤두박질 친다면 암호화폐는 사라질 가능성이 높다.

- 암호화폐가 사라지는 4가지 이유는 프로젝트의 실패, 지능형 사기코인, 법적인 규제, 생존경쟁에서의 패배다.

- 프로젝트의 실패는 기술적, 경제적, 사업적, 시기적인 이유로 발생한다. 프로젝트가 실패하면 사용할 곳이 없으니 자연스레 암호화폐는 사라진다.

- 지능형 사기코인은 프로젝트를 운용할 능력이 없는데 운용하는 척, 가치 있는 척 하는 행위를 말한다. 의도했든 의도하지 않았 든 백서대로 진행하지 못하면 사라진다.

- 각광받는 암호화폐여도 미국 SEC와 같은 정부기관에서 사용을 금지하고 발행주체를 제거하면 암호화폐는 사라진다.

- 암호화폐도 서비스이기 때문에 생존경쟁에서 밀리면 시장논리 에 따라서 사라진다.

07

'존버'가
위험한 이유

　매 강연에서 현존하는 암호화폐 대다수가 얼마나 많은 문제점을 지니고 사라지는 다양한 이유를 강조한 이유는 단 하나다. 사람들이 어떤 암호화폐든지 오랫동안 보유하고 있으면 그 가치가 올라간다고 착각하기 때문이다. 이렇게 암호화폐를 구입해 오랜 시간 보유하고 있는 것을 대한민국에서는 '존버' 그리고 해외에서는 'HODL'이라고 말한다. 존버는 '존나 버틴다'는 신조어로 암호화폐 커뮤니티 중 비트코인 갤러리에서 사용되기 시작했다. HODL는 축적이라는 의미인 'Hoard' 그리고 소유라는 의미인 'Hold'가 합쳐져서 탄생한 용어다. 암호화폐를 축적하고 소유하고 있으라는 말이다. 사람들이 이런 투자방법을 선택한 이유는 대부분의 암호화폐 가격이 펌핑Pumping이라 불리는 급상승을 경험했거나 시간이 지나면서 점차 가격이 상승한 것을 눈으로 확인했

라스트 코인

기 때문이다. 실제로 암호화폐를 구입하는 사람들은 암호화폐를 활용하기보다 미래에 가치가 더 오를 것이라 전망하기 때문에 구입하는 사람들이 많다. 실제 암호화폐로 자식에게 재산을 은밀히 물려주거나, 마약이나 음란물을 구매해서 사용하는 사람은 소수다. 사람들이 암호화폐에 투자하기 시작하는 배경은 보통 지인이 큰돈을 벌었다는 소식을 듣거나, 암호화폐 초기에 투자해 많은 돈을 번 사람들의 뉴스를 접했기 때문이다.

2017년 12월만 해도 연초에 암호화폐를 구입해서 보관해둔 사람은 최소 5배에서 최대 30배 이상 수익을 보았다. 2018년 연초에 방송한 〈그것이 알고 싶다〉에서는 23세의 젊은 암호화폐 투자자가 인터뷰를 하는 2시간 동안 30억 원의 수익을 내는 장면도 연출됐다. 또 다른 언론매체에서는 최근 강남 부동산 시장에 암호화폐로 큰돈을 번 젊은 투자자들이 수십억 원대의 건물을 매입한다는 소식을 내보냈다. 암호화폐 가격이 매일같이 오르던 시기에 사람들이 너도나도 빚을 내면서까지 암호화폐에 투자하더니 어느덧 국내에만 300만 명의 투자자가 생겨났다. 이들 중 투자에 대한 기본적인 교육이나 공부가 되지 않은 2030 젊은 세대가 주를 이뤘다. 2017년 12월 암호화폐 상승장을 목격한 300만 명의 투자자들은 암호화폐 가격의 상승그래프를 보면서 거의 모든 암호화폐가 초기 가격에 비해 수십 배에서 수천 배에 이르는 수익을 가져온 것을 확인했다. 비트코인은 2010년 40원에서 2018년 6월 기준 800만 원 대로 대략 20만 배의 가격이 상승했다. 비

현존하는 암호화폐 99%가 사라진다

트코인뿐만이 아니다. 이더리움은 2015년 1,000원수준에 머무르다 2018년 6월 60만 원대로 600배정도의 가격이 상승했다. 2017년을 살펴보면, 암호화폐를 연초에 구입해 보관하기만 해도 가격은 상승한 것으로 보인다. 비트코인은 연초 119만 원에서 연말에 2,210만 원을 기록했으며, 라이트코인은 2만 원에서 40만 원으로, 대시는 8만 원에서 90만 원으로, 비트코인 캐시는 35만 원에서 200만 원까지 상승했다. 사람들은 1년 간의 상승과정을 지켜보곤 암호화폐를 구입해 열심히 버티면 언젠가 가격이 올라 수익을 안겨 준다고 생각하기 시작했다.

그러나 존버는 분명 절대 해서는 안 되는 투자기법이다. 존버를 하면 안 되는 이유는 존버하고 있는 암호화폐가 언제 어떤 이유로 시장에서 사라질지 모르기 때문이다. 보통 존버하는 사람들은 규모가 작은 알트코인이나 토큰을 주로 구입한다. 크기가 큰 비트코인, 이더리움, 리플, 퀀텀 등의 암호화폐는 선호하지 않는다. 같은 시간을 기다리는데 이왕이면 수익이 많이 날 것 같은 암호화폐를 선택하고 싶은 것이다. 지난 시간 동안 암호화폐 가격 상승의 흔적을 살펴보니 작은 규모의 암호화폐 가치가 큰 규모의 암호화폐보다 많이 상승했다. 그래서 비트코인을 구매해 오래 기다리는 것보다 보통 잘 알려지지 못하는 암호화폐를 구입해 보관하려고 한다. 그 암호화폐가 센트라, 비트커넥트처럼 시장에서 외면 받을지도 모른다는 생각은 하지 않는다. 만약 그렇다면 투자한 돈은 공중에서 사라진다.

독자는 적어도 암호화폐에 대한 한 가지 진실을 말할 수 있을 것이다. '현존하는 암호화폐의 대부분은 사라지니 무턱대고 존버해서는 안 된다'라는 사실이다. 대부분 암호화폐는 개발이 어렵거나, 개발되지 않고 있거나, 개발된 시늉을 하거나, 전문적인 스캠코인일 경우가 많다. 그리고 정부가 암호화폐를 사용하지 못하게 플랫폼을 폐쇄하거나 암호화폐끼리 경쟁하다가 상대적인 가치가 떨어질 수 있다. 정말 존버하고 싶은 사람이라면, 아니 암호화폐에 제대로 투자하고 싶은 사람이라면 구입할 암호화폐의 판별과정을 거친 뒤에 구입해야 한다. 암호화폐 투자를 잘하고 싶은 투자자라면 우선 모든 암호화폐가 가치 있다는 착각은 버리자. 그리고 암호화폐는 다양한 이유로 생존할 가능성보다 사라질 가능성이 높다는 사실을 직시하자.

그러나 우리를 무분별한 암호화폐 투자로 이끄는 녀석은 암호화폐와 블록체인의 번지르르함뿐만이 아니다. 바로 투자 수익률이다. 엄청난 가격변동성 그리고 막대한 수익을 안겨줄지 모르는 버블현상은 암호화폐 투자자의 사고를 마비시키는 마약과 같다. 그러나 암호화폐의 본질을 보고 싶은 투자자라면 암호화폐의 가격과 버블현상에 속으면 안 된다는 사실도 받아들였으면 한다. 다음 파트에서 우리를 위협하는 암호화폐 가격과 버블 속에 감춰진 암호화폐 시장의 또 다른 진실을 직시해보자.

• '존버'는 하지 말아야 하는 투자법이다. 대부분 존버하는 사람들은 규모가 작은 암호화폐를 구입한다. 규모가 작은 알트코인이나 토큰은 사라질 가능성이 크다.

• 제대로 투자하고 싶은 사람이라면, 자신이 축적한 암호화폐가 사용처가 있는지, 사기는 아닌지, 불법은 아닌지, 경쟁력이 있는지를 판단해야 한다. 즉, 사라지지 않을 1%를 발굴해 투자하면 안전하다.

PART 2

버블을
의심해야 한다

01

아무도 버블이라고
의심하지 않을 때

대다수의 암호화폐가 문제투성이라는 사실을 직시했다면, 암호화폐 가격이 어떻게 형성되는지 그리고 어떤 이유로 버블이 반복되는지에 대해 알아야 한다. 암호화폐 가격에 숨겨진 비밀과 버블 패턴에 대해 알지 못하면 암호화폐를 있는 그대로 바라보기 어렵기 때문이다. 암호화폐 가격이 올라가면 좋은 암호화폐라고 판단한 적이 있는가? 암호화폐 가격이 떨어졌을 때 스캠코인이 아닌가 생각한 일은 없는가? 그리고 2018년 초에 벌어진 암호화폐버블의 붕괴를 보고 암호화폐와 블록체인의 실패를 확신하진 않았는가? 이 중 하나라도 해당한다면 당신은 암호화폐의 가격과 버블로부터 속은 것이다. 암호화폐 가격과 버블은 암호화폐 본질을 보지 못하게 만드는 '나쁜 가격표'다. 이번 파트에서는 암호화폐 가격과 버블에 가려진 진실을 밝힌다.

매 강연이 끝날 때쯤 수강생이 꼭 던지는 질문이 있다. "뉴스에서 그러던데 현재 암호화폐 시장 버블 아닌가요?" 암호화폐로 돈을 잃은 수강생이 흔히 던지는 질문이다. 이들 대부분은 가격이 급격하게 오를 때 덥석 구매해 가격이 떨어졌을 때 팔았다. 자신의 선택을 믿고 싶기에 가격에 거품이 꼈던 건 아닌가 의심하는 경우가 많다. 이런 질문이 들어오면 필자는 한결같이 2가지로 답한다.

❶ 현존하는 암호화폐 가격은 본질적으로 거품이다.

❷ 버블현상은 아무도 버블이라고 의심하지 않을 때 터진다.

암호화폐 가격이 본질적으로 거품이라는 말은 현재 시장에 나타난 가격인 명목가격Nominal Price이 실질적 가격인 실제가격Real Price보다 무조건 높다는 말이다. 실제가격보다 명목가격이 높을 때 이 차이를 두고 '가격에 거품이 꼈다'고 말한다. 암호화폐 시장에 반복되는 버블현상은 다음과 같이 정의하면 쉽다. 버블현상(이하 '버블')은 거품이 단기간에 과하게 형성되는 현상이다. 버블을 인지·인정하는 것은 굉장히 어려운 일이다. 보통 버블이 생겨나기 시작하면 사람들은 시장이 드디어 암호화폐의 진가를 알아준다고 착각하기 때문이다. 하지만 행복감에 젖어 있다가 버블이 꺼지고 후회하는 사람이 많다. 이는 암호화폐 시장뿐만 아니라 주식 시장에서도 똑같이 나타나는 버블을 대하는 투자자의 심리다.

암호화폐 가격은 복합적인 화학작용의 결과다. 대중의 투자심리, 실제가치, 희소성, 시세조작까지 다양한 요소가 맞물려 형성

버블을 의심해야 한다

된다. 이 중 암호화폐 가격을 지탱하는 가장 큰 요인은 미래에도 가격이 오른다는 믿음이다. 이 믿음으로도 가격이 올라가기 때문에 우리는 암호화폐 시장을 미성숙한 성장기 단계라고 말한다. 만약 실질가치보다 높은 모든 가격을 모두 버블이라고 부르고 싶다면 편하게 버블이라고 불러도 된다. 단기간에 가격이 비정상적으로 증가한 게 버블현상이기 때문이다. 암호화폐버블은 요인도 가지각색이고 크기도 다양하다. 버블현상을 단기간의 비정상적인 가격 상승이라고 넓게 생각하면 암호화폐 시장에는 사실 크고 작은 버블현상이 늘 발생한다고 할 수 있다. 하루 만에 갑자기 30%, 50%씩 상승하다가, 아무도 모르게 붕괴하는 일은 암호화폐 거래소에서 흔히 보이는 현상이기 때문이다. 주식시장에서의 주가변동은 기업 실적과 전망이라는 요인이 반영된 결과다. 실적에 맞춰 주식의 가격이 움직이는 비교적 합리적인 시장이다. 그러나 암호화폐는 아직까지 실생활과 연결되지 않아 '실적'을 수치화하기 어렵다. 그럼에도 불구하고 암호화폐의 가치가 급격하게 상승한다면 이는 버블 이외의 단어로 설명할 방도가 없다.

그렇다고 암호화폐버블을 무조건 나쁘다고만 생각할 수는 없다. 버블이 있기에 암호화폐 시장 거래가 활발해지고 투자금이 필요한 블록체인 기업은 운영자금을 얻는다. 비탈릭은 '암호화폐 시장에 버블이 있는 건 사실이지만, 시장에 도움이 되는 버블'이라고 밝힌 바 있다. 버블을 통해 시장에 자금이 유입되고, 개발사가 필요한 자금을 확충할 수 있다는 주장이다. 게다가 버블이 붕괴되는 과정도 시장에 도움이 된다. 불안해진 투자자는 의심스러운 암호화폐를 모두 재평가하고, 제대로 된 암호화폐를 걸러내려고 하기 때문이다. 이렇게 생각하면 버블이 형성되고 붕괴되는 일은 시장에 어느 정도 도움이 된다.

그러나 분명한 사실은 암호화폐 가격의 변동성과 반복적인 버블은 투자자에게 악재라는 점이다. 암호화폐 가격이 오르는 것 같아 덥석 구매한 순간 50% 이상 급락하는 경우도 적지 않다(펌핑 앤 덤핑 현상). 2017년 12월 버블 때 암호화폐 성공을 예측하며 구입해 "가즈아!"라 외쳤던 투자자들은 현재 극심한 피해를 입고 고인 물(암호화폐버블에서 탈출하기 못한 불운한 투자자)이 되었다. 급격하게 생겼던 버블이 1~2월에 걸쳐 붕괴했기 때문이다. 지금부터라도 가격과 버블로부터 우리 스스로를 지키기 위해 암호화폐 가격 변동성과 버블의 껍데기를 벗겨볼 필요가 있다. 이들이 왜 생겨나는지, 막을 방법은 없는지, 그리고 더 나아가 속지 않고 이용할 방법은 없는지 생각하는 게 똑똑한 암호화폐 투자자가 갖춰야 할 자세다.

- 현존하는 암호화폐는 사용처가 거의 없으니 그 가격은 본질적으로 거품이다. 거품이 꼈다는 것은 명목가치가 실질가치보다 높다는 말이다.

- 버블현상은 아무도 버블이라고 의심하지 않을 때 나타난다. 버블현상이란 가격에 거품이 단기간에 과하게 형성되고 붕괴되는 현상이다.

- 현명한 투자자라면 암호화폐 가격과 버블현상으로부터 속아선 안 된다.

- 암호화폐당 가격을 보지 말고 시가총액을 확인해야 한다. 단기적인 암호화폐의 가격변동성을 보지 말고 암호화폐의 장기적인 그래프를 확인해야 한다.

02

암호화폐의 가치는
어디서 오는가

암호화폐도 돈이다. 돈은 쓰임이 있어야 가치가 있고, 쓰임이 없는 돈은 가치가 없다. 대한민국에서 북한 돈을 가치 있다고 여기지 않는 이유는 사용할 수 없기 때문이다. 우리가 원화를 가치 있게 생각하는 이유는 쓸 수 있는 곳이 많기 때문이다. 우리가 쓰는 돈, 법정화폐의 가치는 정부가 보증한다. 원화는 대한민국정부, 엔화는 일본정부가 그 가치를 보증하는 것이다. 아직 관리 주체가 없는 암호화폐의 가치는 시장이 정한다. 그전에 암호화폐의 가치(가격)가 어떻게 정해지는지 알아보려면 암호화폐가 '네트워크 플랫폼'이라는 사실을 우선 이해해야 한다.

플랫폼이란 공통된 기반으로, 여러 사람이 사용할 수 있는 공간을 말한다. 법정화폐, 공항, 신용카드, 쇼핑몰, 인터넷, 페이스북, 카카오톡까지 모두 플랫폼이라고 불릴 수 있다. 그런데 플랫폼에는 네트워크 효과라는 법칙이 적용된다. 경제학자 하비 라이벤스타인Harvey Leivenstein은 네트워크 효과란 많은 사람이 사용할수록 가치가 높아지는 것이라 정의했다. 암호화폐도 한 명이 지니고 있어서는 아무런 가치가 없다. 최소 주고받을 두 명의 사람이 필요하다. 그다음 더 많은 사람이 암호화폐를 지니면 지닐수록 가치가 높아진다. 이를 두고 네트워크 효과 혹은 플랫폼 경제학이라고 말한다.

구분	플랫폼의 가치	예
한방향 플랫폼 (단면시장)	이용자수×서비스	라디오, 기차역
쌍방향 플랫폼 (양면시장)	이용자수×서비스 이용자 간의 네트워크	페이스북, 인스타그램
3D 플랫폼	이용자수×서비스 이용자 간의 네트워크 금융플랫폼	카카오톡, 라인, 이더리움, dAPP

플랫폼에는 다양한 종류가 있다. 가장 일차원적인 플랫폼으로는 라디오와 같은 한방향 플랫폼(단면시장)이 대표적이다. 라디오는 하나의 방송을 내보내는데, 이를 듣는 청취자가 많아지면 많아질수록 수익이 창출된다. 예를 들어, 1만 명이 듣는 라디오라면 그 가치인 광고수익은 1만 명에게 노출되는 만큼 책정된다. 2단

계 플랫폼으로는 쌍방향 플랫폼(양면시장)이 있으며, 2030이 좋아하는 페이스북이 대표적이다. 페이스북은 자신의 일상을 공유하고 다른 사람들과 연결할 수 있는 서비스다. 이 플랫폼 내에서는 콘텐츠를 스스로 생산하는 자가 받아보기도 하며 상상을 초월하는 트래픽을 만들어낸다. 사용자는 플랫폼을 무료로 쓰지만 사실은 스스로가 상품이 되는 것이다. 이것이 쌍방향 플랫폼이다. 즉, 플랫폼 한쪽에는 사용자가 있고 다른 한쪽에는 애플리케이션이 있는 것이다. 이 쌍방향 플랫폼의 한계점은 금융플랫폼이 없다는 점이다.

지금까지의 쌍방향 플랫폼은 자체적인 금융플랫폼이 없기 때문에 유료상품 이용이나 사용자 간의 금전적인 소통을 확장하기 어려웠다. 이런 이유로 페이스북, 카카오, 라인이 핀테크를 자신들의 플랫폼에 적극적으로 도입하기 시작했다. 이렇게 쌍방향 플랫폼에서 금융플랫폼이 더해진 플랫폼을 3D플랫폼이라고 말한다. 3D플랫폼이란 사용자, 애플리케이션에 금융플랫폼이 더해져 지금까지 상상해보지 못한 가치를 만들어내는 것을 말한다. 쌍방향 플랫폼은 이용자가 늘어남에 따라 트래픽이 활성화되고 광고수입이 늘어나는 구조다. 3D플랫폼은 금융시스템을 자체적으로 보유해 고차원적인 활동까지 하나의 플랫폼에서 일어날 수 있게 만든다. 더 많은 트래픽과 더 많은 기능이 추가되는 복잡적인 플랫폼으로 성장하는 것이다. 암호화폐도 플랫폼이다. 3D플랫폼과 같은 복합적인 플랫폼으로 발전하려고 하는 것이 이더리움 프로젝트다. 비트코인, 라이트코인, 대시 같은 코인은 이용자 수가 늘어나고 블록체인에 참여하는 노드가 많아질수록 가치가 높아진다. 그리고 이더리움, 네오, 퀀텀, 웨이브 같은 확장 응용 플랫폼은 만들어진 플랫폼에 더 많은 dAPP 제공자와 참여자가 생겨나면서 가치가 높아진다. 마지막으로 토큰은 확장 응용 플랫폼 아래 dAPP에서 사용되기에 dAPP의 이용자가 늘어날수록 가치가 높아진다. 우리가 분명히 해야 하는 사실은 각 암호화폐의 가치를 판단할 때 이 암호화폐가 어떤 수준의 플랫폼인지를 판단하고 이용자가 어디에 존재하는가를 고려해야 한다는 점이다.

모든 암호화폐가 플랫폼임을 이해하고 나면 암호화폐의 가치 산정에 2가지 관점을 더할 수 있다. 첫 번째는 유용성이다. 이 암호화폐를 어디에서 얼마큼 활용할 수 있고 어떤 경제적인 효과를 얻을 수 있는가가 유용성이다. 높은 유용성을 지니는 암호화폐는 그 암호화폐를 받아들이는 사람들이 많고, 사용할 수 있는 공간이 많다. 비트코인은 사용자가 2,300만 명을 넘었다. 반면 ECC코인은 사용자가 1만 명이 채 되지 않는다. 그럼 적어도 암호화폐 시장에서 ECC코인은 비트코인에 비해 상대적으로 낮은 가치를 지닌다. 또 이더리움과 바이낸스 토큰을 비교해볼 수 있다. 이더리움은 이용자가 2,300만 명이 넘고 결제수단뿐만 아니라, dAPP을 만들고 유지하는 데 사용된다. 이더리움으로 각종 ICO도 참여할 수 있고, 훗날 POS시스템의 등장으로 이더리움을 보유한 것만으로도 이를 채굴할 수도 있다. 반면 바이낸스 토큰은 사용자가 700만 명이며, 바이낸스라는 정해진 공간에서만 활용된다. 거래소 내부에서 수수료를 지불하거나, 투표하는 용도로 쓰인다. 따라서 바이낸스는 이더리움보다 유용성 측면에서 가치가 덜하다고 판단할 수 있다.

두 번째는 희소성이다. 암호화폐 희소가치가 있으면 코인 하나당 가격이 높다. 암호화폐 시장의 순위를 살펴보면 훨씬 이해하기 쉽다. 시장에서 코인 하나당 가격이 가장 높은 암호화폐는 비트코인이다. 비트코인은 암호화폐 시장에서 기축통화로 활용되고 가장 많은 이용자(2,300만 명 이상)를 보유하고 있다. 모든 암호화폐의 단위 그리고 시장의 기준이 비트코인으로 이뤄지기에 높은 유용성을 지닌다. 비트코인은 총 2,100만 개가 2040년까지 채굴되는 암호화폐다. 이더리움은 비트코인과 비슷한 수준의 사용자를 지닌다. 이더리움의 사용자도 2,000만 명이 넘는다. 그러나 이더리움은 현재까지 공급된 양이 9,800만 개를 넘고 채굴량이 무한대라는 점에서 코인 하나당 가격이 낮다. 이 때문에 암호화폐의 가치를 판단할 때에는 암호화폐 하나당 가격을 생각하는 것은 무의미하다. 예를 들어, 비트코인 캐시의 가격이 100만 원이 넘고 리플의 가격이 700원에 불과해도 리플의 시가총액이 비트코인 캐시의 시가총액보다 높다. 암호화폐의 가치는 암호화폐 하나당 가격보다 암호화폐 시장의 전체 시가총액에 드러난다.

- 암호화폐 장부를 관리하는 블록체인은 네트워크 플랫폼이기 때문에 사용자가 많아질수록 암호화폐의 가치가 높아진다.

- 암호화폐는 유용성이 높을수록 가치가 높으며 이는 사용처의 개수 즉, 서비스와 이용자 수로 정해진다.

- 암호화폐는 희소성이 높을수록 가격이 비싸다. 1조의 시가총액을 형성할 때 1,000만 개를 발행하면 개당 10만 원이고, 100만 개를 발행하면 개당 100만 원이다.

03

가격이 비싸다고
명품은 아니다

암호화폐의 가치와 가격은 유용성과 희소성이라는 관점에서 정해진다. 그럼 암호화폐 가격 속 거품은 어디서 생겨나는 것일까. 아직까지 암호화폐의 실제가격을 완벽하게 찾아내는 기준은 없다. 암호화폐가 실물경제와 연결되지 않았고 블록체인이 시장에서 상업적으로 활용되고 있지 않기 때문에 그 가치를 정하기 어려운 것이다. 근본적으로는 가격이 오를 것 같다는 기대감이 거품의 본질이지만, 암호화폐는 각각의 특성과 시장의 게임이론에 따라 거품가격이 형성되곤 한다.

첫 번째로 비트코인을 예로 들면 비트코인의 가격은 우선 채굴자가 정한다. 채굴비용이 비트코인의 원가이며 이를 고려해 공급가격을 결정하기 때문이다. 예를 들어, 비트코인 하나를 채굴하는 데 300만 원이 소요된다고 하자. 그럼 비트코인 채굴자는 최소

구분	거품가격 형성원인	실질가치 여부
코인 (블록체인)	• 채굴가격 변동 • 시장의 게임이론 • 투기꾼의 시세조작 • 거래소 신규 상장 여부	• 채굴가격이 코인의 원가 • 블록체인 네트워크 활성화 정도
코인 (확장 응용 플랫폼)	• 채굴가격 변동 • 시장의 게임이론 • 투기꾼의 시세조작 • 새로운 기술에 대한 기대감 • 거래소 신규 상장 여부	• 채굴가격이 코인의 원가 • 플랫폼의 활성화 정도 • 플랫폼의 각종 서비스 • 자체 블록체인 개선 여부 • 지원 개발언어 확장 여부 등
토큰 (dAPP)	• 시장의 게임이론 • 투기꾼의 시세조작 • 새로운 dAPP에 대한 기대감 • 자체 블록체인 보유 기대감 • 이용자 증가에 대한 기대감 • 거래소 신규 상장 여부	• 토큰원가는 제로 • 플랫폼 완성 시 토큰경제학에 따른 토큰 소비량이 결정

300만 원 이상의 가격으로 시장에 판매한다. 시장에서는 보통 최소 50%의 수익률을 더해서 파는 게 관행이다. 그럼 채굴원가에 50%가 더해진 450만 원이 비트코인의 가격 지지선이다. 여기에 비트코인 가격이 장기적으로 상승할 것이라는 수학적 전망이 들어간다. 비트코인은 시간이 지나면서 이용자가 많아지는 반면 희소가치가 높아져 가격이 상승한다는 스토리도 부여된다. 채굴을 하지 못하는 사람들은 미래를 생각하며 4,500달러 이상의 가격(거품)을 지불해 비트코인을 구매하게 된다. 비트코인의 가격거품은

이렇게 형성된다.

　두 번째로 이더리움을 생각해보자. 이더리움도 채굴된다. 이더리움을 채굴하는 데 들어가는 비용이 20만 원이라고 하자. 그럼 이더리움 채굴자는 이더리움을 대략 30만 원 선에서 판매하려고 한다. 여기에 이더리움은 비트코인과 달리 그 활용도가 넓다. 이더리움은 결제를 하거나 다른 암호화폐를 구매할 수 있다. 그리고 이더리움 플랫폼을 활용해 새로운 암호화폐와 dAPP을 만들거나, ICO에 참여할 수 있다. ICO가 활발하게 이뤄질수록 이더리움의 가격은 오른다. 실제로 2017년 이더리움의 실질수요 중 3.2조 원이 ICO에서 발생됐다고 한다. 이더리움 dAPP이 성공하면 이더리움의 가격은 또 상승한다. 토큰을 구매하기 위해 수요가 많아지기 때문이다. 이때 이더리움은 이를 원하는 사람이 늘어나 가격이 올라간다는 기대감에 실질가격보다 비싸게 사고팔린다.

　세 번째로 오미세고를 살펴보자. 오미세고는 토큰이다. 모바일을 중심으로 한 지갑 애플리케이션 플랫폼에서 토큰을 사용할 수 있다. 하지만 오미세고 지갑은 아직 개발 중이고 완성하는 데 1~2년이 더 걸리는 프로젝트다. 그럼에도 오미세고 토큰은 벌써부터 시장에서 거래된다. 오미세고를 사용할 수 있는 공간이 협소한 데도 가격이 형성됐다. 오미세고와 같이 사용처가 한정된 토큰은 플랫폼이 만들어졌을 때 가격이 오를 것이라는 기대감에 시세가 형성된다. 오미세고의 실질가격은 제로지만, 사람들은 미래에 투기든 투자든 가격이 오를 것 같아 구매한다. 이렇게 대부분의 토큰에도 거품가격이 형성된다.

　이렇듯 암호화폐 가격에는 종류에 무관하게 거품이 낀다. 그리고 거품은 미래에 가격이 오른다는 기대감을 반영한 결과다. 기대감을 충족할 뉴스가 등장하면 가격이 오르고 불안과 의혹이 커지면 가격이 떨어진다. 암호화폐의 가격이 오를 것이라는 기대감, 사용처가 많아질 것이라는 기대감, 암호화폐가 경쟁력을 갖춘다는 기대감이 거품을 만든다. 주식은 배당금과 의결권이 지니는 실질가치가 가격을 받쳐주는 반면, 암호화폐는 그 실질가치를 계산할 방도도 없다. 토큰이라면 더욱 극단적이다. 플랫폼이 없으면 토큰의 실질가치는 제로이기 때문이다.

　다시 말하지만, 암호화폐의 가치는 채굴과정과 암호화폐가 사용되는 플랫폼에서 나온다. 그러나 채굴비용은 시장에 절대로 공개되지 않아 코인의 원가를 제대로 알기 어렵다. 채굴자는 채굴비용을 과장해 사람들로 하여금 채굴된 암호화폐의 원가가 매우 비싼 것처럼 포장한다. (그러나 실제 암호화폐의 가치는 현재 시장에서 거래되는 양의 반도 안 된다.) 플랫폼도 마찬가지다. 확장 용용 플랫폼과 dAPP에서 사용되는 암호화폐 토큰은 플랫폼이 없는 데도 가격이 형성되어있다. 이들은 가격 그 자체가 거품이라는 리스크를 지닌다. 그러니 현존하는 거의 모든 암호화폐의 명목가격에는 실질가격 이상의 거품이 껴있다고 볼 수 있다. 거품가격이 낀다는 사실로부터 우리가 깨달아야 하는 진실은 다음과 같다. 코인, 확장 응용 플랫폼, 토큰에 관계없이 시장에서 거래되는 가격을 보면 안

되고 그 속에 숨은 원가와 실질적인 가치를 판단해야 한다. 암호
화폐의 가격이 비싸다고 명품인 것은 아니다. 암호화폐의 가격표
는 아무런 의미가 없다.

- 코인 채굴비용은 제각각이며 투명하게 공개되지 않아 원가를 알기 어렵다. 토큰은 원가가 0원이지만, 플랫폼에 대한 기대감이 반영되어 가격이 형성된다. 플랫폼 개발현황이 불투명해 정확히 알기 어렵기 때문에 현존하는 거의 모든 암호화폐의 명목가격에 거품이 있다고 봐야 한다.

- 암호화폐 하나의 가격보다 전체 시가총액을 보아야 암호화폐의 현재 평가가치를 확인할 수 있다.

- 암호화폐 가격이 높다고 무조건 가치 있지 않다. 암호화폐 가격은 희소성이 결정짓는다.

- 현존하는 모든 암호화폐는 실질가치보다 높은 명목가치를 지니며, 이 때문에 현재 형성된 가격을 의미 있게 생각해서는 안 된다. 가격보다 암호화폐 하나하나의 특성과 경쟁력을 살펴보는 것이 중요하다.

04

암호화폐에
버블이 끼기 좋은 이유

암호화폐 시장에 버블이 끼기 좋은 이유는 다양하다. 그러나 가장 근본적으로 암호화폐 가치를 정확하게 측정할 수 없기 때문에 생긴다. 암호화폐 원가구조, 네트워크 효과, 암호화폐를 발행하고 블록체인 산업을 진행하는 회사의 실적을 알기 어렵기 때문에 버블이 낀다. 이게 얼마짜린지 아무도 모르니 무조건 높게 배팅하는 것이다. 암호화폐 시장에 버블이 형성되면 나오는 공통적인 사회현상이 있다. 이는 모든 버블시장에서 공통적으로 나타나는 인간의 특성이며, 이를 기준으로 버블 유무를 판단할 수 있다.

❶ 암호화폐 투자자들이 수익을 보면서 더 많은 자금을 투자하려한다.

❷ 암호화폐 투자를 위한 신용대출이 급격하게 증가한다.

❸ 주변 사람들에게 암호화폐 투자를 권유한다.

❹ 암호화폐로 돈을 벌었다고 자랑하는 사람들이 나타난다.

❺ 암호화폐 가격 상승에 대한 미디어의 관심이 시작된다.

❻ 암호화폐를 구입하지 않은 사람은 '바보'라는 프레임이 생긴다.

이 같은 현상에는 '암호화폐 맹신'이라는 공통점이 있다. 버블이 형성되면 거래소의 암호화폐 총액이 하루가 다르게 늘어나고 일확천금을 얻는 사람도 늘어난다. 그들의 소식이 SNS나 뉴스 등을 통해 전해지면서 암호화폐의 신화가 세상에 알려진다. 현명한 투자자라면 이때 버블이 낀 것 같다는 의심을 해야 한다. 의심하는 것만으론 부족하니 실행으로 옮겨 투자를 지양하거나 투자를 했다면 시장에서 빠져나와야 한다. 이 세상에 단기간에 수백 퍼센트가 한 번에 성장하는 정상적인 시장은 없다. 현재 S&P500 상위종목을 차지하는 IT기업들도 한 번에 성장한 것이 아니라, 오랜 시간을 걸쳐 사람들이 서서히 이용하기 시작하면서 가치가 상승했다. 실질적인 플랫폼이 나오고 이용이 증가해야 실제가치가 형성된다. 시장이 과열돼 명목가치가 실제가치를 과하게 넘어서면 가격은 다시 실제가치로 돌아온다. 이는 시장의 법칙이다.

사람들이 암호화폐의 성공을 확신할 때, 암호화폐를 사지 않은 것을 후회할 때, 지금이라도 빚내서 사야한다고 대출을 받을 때 암호화폐버블은 깨졌고, 가격은 이미 떨어질 준비를 마친 지 오래다. 이런 현상을 두고 전문가는 '버블은 아무도 버블이라고 의심하지 않을 때 붕괴된다'고 표현한다. 버블이 형성되면 이는 똑똑한 투자자와 함께 쥐도 새도 모르게 사라진다. 어떤 경제학자는 이런 버블의 결과를 보고 누군가가 인간의 어리석음을 이용해 돈을 버는 과정이라고 말한다.

영화 〈마진콜〉에서도 2008년에 일어난 모기지 버블붕괴의 급격함을 잘 묘사한다. 영화 속 대형 헤지펀드사 CEO는 모기지 파생상품의 명목가치가 실질가치를 넘어섰다는 분석을 보고받은 그날 '월가에 음악소리가 멈췄다'라고 표현한다. 그리고 다음 날 아침 회사가 보유한 파생상품을 모조리 팔아치우고 떠난다. 이로 인해 시장은 급격히 붕괴되었고 엄청난 양의 돈이 사라진 것을 깨달은 시장은 2008년 금융위기를 맞이한다. 버블의 생성속도보다 붕괴속도가 빠른 이유는 투자자가 손실을 최소화하기 위해 조금이라도 싼 값에 물량을 팔아치우려는 투자심리가 반영되기 때문이다.

현존하는 암호화폐 시장에 버블 바람을 불어넣는 2가지 핵심 요인이 존재한다. 첫 번째는 암호화폐 과열 상황에서 막대한 수익을 창출하고 있는 암호화폐 거래소다. 두 번째는 블록체인과 암호화폐라는 신기술을 대하는 우리의 태도다.

암호화폐 거래소는 암호화폐 도박장이다. 암호화폐 시장의 최대 수혜자를 꼽으면 십중팔구는 거래소를 언급할만큼 버블의 혜택을 누리고 있다. 실제로 대한민국에서 가장 뛰어난 블록체인

기술을 개발하는 B사의 대표는 암호화폐 거래소 중 블록체인 기술을 활용하는 곳은 세계에서 2~3군데임에도 모든 거래소가 마치 블록체인의 중심인 듯 행동한다며 불만을 표출한 적이 있다. 암호화폐 거래소는 블록체인과 큰 관련이 없다. 대부분의 암호화폐 거래소는 블록체인 기술을 개발하는 곳도 아니고, 판매하는 것도 아니며, 활용하는 곳도 아니다. 오직 블록체인을 기반으로 만들어진 암호화폐의 거래를 돕는 중간자다. 이들은 암호화폐가 거래될 때 발생하는 수수료로 먹고사는 기업이다. 암호화폐 광풍이 불고, 버블이 형성되고, 거래량이 많아질수록 수익을 창출하는 암호화폐버블 이해관계자다. 암호화폐 거래소는 아직까지 거래소라고 부르기 어렵다. 특히 대한민국 암호화폐 거래소는 거래 중계와 환전 역할을 담당하는데 개인 간의 거래를 성사시키는 것이 아니라 장부상에서 개인의 암호화폐를 중계하고 총액을 집계한다. 그리고 장부에 기록된 암호화폐를 환전하고 싶을 때 환전해주고 송금이 필요할 때 외부로 송금을 대행한다. 때문에 암호화폐 거래소는 암호화폐 장부거래소 혹은 암호화폐 환전소라고 불러야 정확하다.

암호화폐 거래소의 첫 번째 문제는 장부거래Book Trading다. 거래소가 장부거래를 이용하는 이유는 장부거래 방식이 더 많은 수익을 창출하기 때문이다. 실제 거래를 성사시키는 것보다 장부상으로 데이터를 처리하는 게 비용이 덜 든다. 장부거래의 문제점은 실제로 없는 암호화폐를 전산상으로만 거래가 가능하게 해, 암호화폐 시장에서 없는 돈으로 코인의 가격을 높이는 일이 충분히 가능하기 때문이다.

암호화폐 거래소의 두 번째 문제는 상한가와 하한가를 설정하지 않았다는 점이다. 주식 시장에서는 소비자를 보호하기 위해서 상한가와 하한가를 정한다. 상한가는 하루 최대로 상승할 수 있는 가격을 말한다. 하한가는 하루 최대로 하락할 수 있는 가격을 말한다. 그런데 암호화폐 시장에는 상한가와 하한가가 없다. 이 때문에 암호화폐가 하루 만에 3배가 올라갈 수 있지만 반대로 하루 만에 종이쪼가리가 될 수도 있다. 이를 두고 암호화폐 거래소는 전 세계 암호화폐 시장이 같은 운영 방식을 택할 수 없기에 어쩔 수 없다고 말한다. 그러나 상하한가가 없는 것은 소비자보호 측면에서 심각한 문제를 지닌다.

암호화폐 거래소가 지니는 또 다른 문제점은 주식 시장에 존재하는 서킷 브레이커의 유무다. 주식시장에서는 정보의 비대칭성으로 인해 특정 주식의 가격이 급등하거나 급락할 경우 서킷 브레이커를 작동해 거래를 일시적으로 중단시킨다. 그러나 암호화폐 시장에서는 암호화폐의 가격이 1분 만에 10배가 올라도 어떠한 제재가 없다. 상한과 하한의 개념도 없을 뿐만 아니라, 급격하게 변화하는 시장에 대응할 방법이 전혀 없다. 이 때문에 암호화폐 시장에 버블이 급격하게 생겨난들 이를 막을 방법도, 붕괴될 때 피해를 최소화할 방법도 존재하지 않는다.

게다가 암호화폐 거래소에 상장한 종목에도 문제가 있다. 대부

127

분의 거래소는 암호화폐를 이해관계에 맞춰 상장시킨다. 암호화폐를 상장하는 평가기준이 있다고 말하지만, 대부분 이해관계로 얽힌 근본 없는 암호화폐 그리고 그중에서도 변동성이 심해 거래량이 잘 늘어나는 암호화폐를 상장시키고 있다. 그마나 국내 거래소에서 암호화폐 상장을 가장 잘하는 거래소는 최대 거래량을 자랑하는 Y거래소다. 이곳은 소수의 암호화폐를 충분한 검증한 뒤에 상장시켜, 스캠코인으로 인한 소비자 피해를 최소화시킨다. 그러나 다른 암호화폐 거래소에 올라온 종목은 문제가 많다. U거래소가 대표적이다. 이 거래소에 올라온 암호화폐는 의도했든 의도하지 않았든 보통 시세조작 세력이 선택한 리스크 높은 종목으로 가득하다.

또한 암호화폐 거래소에서는 입출금에 자유를 두어 암호화폐 버블이 쉽게 형성되게 만든다. 주식 시장과 달리 암호화폐 시장에서는 규제와 법률이 없어 암호화폐 투자를 위해 큰돈을 넣고 빼는 일이 자유롭다. 버블이 형성되는 데 필요한 자금이 쉽게 유입될 수 있다는 말이다. 실제로 최근 1년 동안 국내 암호화폐 거래소에 신규 등록한 사람이 300만 명이 넘는다. 비공식적인 집계로는 450만 명이 넘는다는 통계자료도 존재한다. 암호화폐 거래소는 가입 절차와 거래 과정을 간소화했다. 신규 가입자가 사용하기 쉽지만 또 시세조작세력의 희생양이 될 수 있다는 단점도 존재한다. 큰돈이 쉽게 들어갔다 나올 수 있기에 버블이 쉽게 형성되고 붕괴 시 일반인이 피해를 보기 때문이다. 이렇듯 상한

가와 하한가가 존재하지 않고 큰 자금의 입금과 출금을 자유롭게 만들어 시장에 버블이 끼기 좋은 환경을 만들었다. 이는 의도했든 아니든 투기하기 좋은 환경을 제공한다. 일주일, 한 달 만에 암호화폐 가격이 30배 이상 상승하는 것도 가능하고, 1,000만 원인 암호화폐가 하루만에 1원으로 떨어지는 일도 가능하다. 소비자 보호도 없고 입출금이 자유롭다는 관점에서 암호화폐 거래소는 정상적인 거래소라기보다 투기성이 강한 도박장이라고 부르는 게 정확할지도 모른다.

암호화폐가 신기술이라는 점도 버블형성의 핵심적인 원인이 된다. 정체 모를 신기술이라 객관적인 검증과 판단이 어렵다는 점을 투기세력이 이용하기 때문이다. 예나 지금이나 사람들은 신기술이 등장할 때마다 어리석게도 '본질적인 가치'보다 '상승하는 가격'에 집중해왔고, 현 시장상황도 전혀 다르지 않아 보인다.

지금으로부터 대략 20년 전인 1998년 닷컴버블이 한창이었다. 회사 이름에 '닷컴'을 붙이는 것이 세계적인 유행이었고, 인터넷 사업에 도전하겠다는 야심의 상징인 닷컴을 회사 이름에 붙이면 주가가 순식간에 급등했다. 이런 닷컴열풍의 결과는, 우리가 모두 알고 있다시피 곧장 파괴적인 버블로 이어졌다. 초기 인터넷 사업에 진출한 기업들 중 상당수는 구체적인 계획과 전략이 없었고, 비전을 현실화할 능력과 경험을 갖지도 못했다. 많은 닷컴기업을 한 번에 감당할 만큼 초기 시장으로서 인터넷이라는 환경도 넉넉하지 않았다. 2000년 버블붕괴 이후 대다수의 기업이 부실화

129

버블을 의심해야 한다

됐고 닷컴열풍을 악의적으로 이용하려는 계획된 사기행각이 발각되었다. 그리고 투자자들의 손실은 말할 수도 없이 컸다.

블록체인이라는 말이 사회적인 화두가 된 지 고작 1년 남짓인데, 인터넷 버블이 한창이던 때의 행태가 블록체인에서도 나타나고 있다. 지금은 블록체인 버블이 한창이다. 회사 이름에 '체인', '네트워크', 'io'를 붙이는 것이 세계적인 유행이고, 블록체인 비즈니스에 진출하겠다는 기업의 야심을 상징하는 암호화폐를 발행하면 기업가치는 순식간에 급등한다. 이런 블록체인 열풍의 결과는 우리가 모두 예상하듯이 버블로 곧장 이어지게 될 것이다. 블록체인 비즈니스에 진출하겠다던 기업들 중 상당수는 구체적인 계획을 갖고 있지 않으며, 자신들의 비전을 현실화할 만한 능력도 없다. 그렇게 많은 블록체인 기업을 단기간 한꺼번에 수용할 만큼 초기 시장 공간도 충분하지 않다. 가까운 시일 내에 암호화폐버블이 붕괴하고, 많은 기업이 부실화되고, 일부에서는 암호화폐 열풍을 악의적으로 이용하려는 계획적인 사기행각도 발각될지 모른다.

분명 닷컴열풍이 끝난 뒤의 인터넷의 미래는 밝았지만 인터넷을 이용한 모든 서비스와 사업의 미래가 밝았던 것은 아니다. 인터넷의 발전 속도는 인류 역사에서 비슷한 예를 찾을 수 없을 만큼 빨랐지만, 그럼에도 버블로 치달았던 투자자들의 탐욕을 만족시켜주기에는 턱없이 모자랐다.

제2의 인터넷이라는 블록체인도 마찬가지다. 블록체인의 미래가 밝다고 해서 블록체인 기반의 모든 서비스 그리고 그 서비스를 이용할 금융플랫폼 암호화폐가 성공할 가능성이 높은 건 아니다. 블록체인의 도입이 빠르고 광범위하게 이뤄지고 있다고 하지만, 사회적인 열풍을 따라가기에는 턱없이 부족하다. 블록체인이 미래의 대세가 되어도 현존하는 1만 개가 넘는 많은 암호화폐의 99%는 사라진다.

버블의 형성과 붕괴에 인터넷은 죄가 없다. 오히려 인터넷은 사람들이 기대했던 이상으로 자신의 역할을 훌륭히 해냈고 세상을 바꿨다. 죄가 있다면 새로운 기술의 등장 앞에서, 닷컴을 붙이기만 하면 무작정 열광했던 우리의 행태에 있다. 인터넷이라는 새로운 개념의 등장, 그리고 투기가 제공하는 어마어마한 단기 수익에 사람들은 열광했고, 그 열광은 곧 무분별함으로 이어졌다. 비극을 연출한 건 인터넷이 아니라, 신기술에 대한 사람들의 무분별한 기대였다.

마찬가지로 블록체인도 죄가 없다. 죄가 있다면 블록체인 기술의 등장 앞에서, '코인'을 붙이기만 하면 부실기업이든, 계획적인 사기든, 심지어 쓰레기든 상관없이 무작정 사고 보는 우리의 행태에 있다. 블록체인과 암호화폐라는 새로운 개념의 등장, 그리고 이 개념이 제공하는 어마어마한 단기 수익에 우리는 여전히 기대하고 버블을 조장하고 있다. 우리의 무분별함은 또 새로운 버블로 이어지고 새로운 피해자를 양성할 것임이 분명하다. 신기술에 대한 사람들의 어리석은 반응이 버블을 형성하는 근본적인

버블을 의심해야 한다

문제다.

블록체인의 가치와 이를 이용하는 암호화폐는 별도로 분석되고 이해해야 한다. 블록체인의 미래가 밝으니 가상화폐를 '존버'하면 돈을 벌 것이라는 주장은, 인터넷 시대가 열리면 닷컴기업들이 큰돈을 벌 거라 생각했던 것과 같다. 인터넷에 대한 확신은 맞는 예측이 됐지만 투자한 닷컴기업이 아마존이나 구글이 아니었다면 아마 투자금의 대부분을 잃었을 것이다. 암호화폐도 같은 결과를 보일 것이다. 블록체인에 대한 확신은 맞는 예측이 될 테지만, 투자한 암호화폐 기업이 비트코인이나 이더리움이 아니라면 대부분의 투자금을 날리게 될 것이다.

블록체인이 대세라고 해도 암호화폐에 무작정 장기 투자하거나 ICO에 참여하는 행동을 비합리적이라 의심해봐야 한다. 정부라는 제3의 보증기관이 있는 법정화폐와 달리 암호화폐는 말 그대로 암호화된 장부의 숫자이기 때문에, 장부를 기록하는 블록체인이 완전하지 않으면 언제든지 가치는 제로가 될 수 있다. 우리는 불과 20년 전에 닷컴버블을 경험했음에도 불구하고, 신기술에 대한 무분별함에 똑같이 사로 잡혀있음이 분명하다. 과거로부터 배우지 못한다면 신기술의 등장 앞에서 그리고 어마어마한 단기수익 앞에서 또다시 투기하고 버블에 휩싸일 것이다.

- 버블을 확인하는 가장 쉬운 방법은 '주변 사람이 암호화폐에 대해 이야기하는가'다. 암호화폐로 돈을 벌었다고 자랑하는 사람들이 나타나면 버블이 온 것이 확실하다.

- 암호화폐 시장에 버블이 쉽게 발생하는 이유는 암호화폐 거래소 때문이다. 거래소가 장부거래를 이용하고, 24시간 365일 운영되며 가격에 대한 제한이 없어 변동이 무한하기 때문이다.

- 암호화폐에 버블이 생기는 또 다른 이유는 블록체인이라는 신기술과 밀접한 관련이 있다. 인류는 신기술이 등장할 때마다 실질가치를 알기도 전에 지나친 명목가치로 거래해왔다.

05

암호화폐버블과
지진의 패턴

4번의 비트코인 버블

암호화폐 가격에 대한 의심은 언제나 존재해왔다. 그럼에도 암호화폐 가격은 계속 상승했다. 암호화폐버블에 대한 의심도 언제나 존재해왔다. 그럼에도 버블은 계속 형성과 붕괴를 반복했다. 지금부터는 암호화폐 가격의 역사에 대해 훑어보면서 어떤 형식으로 암호화폐 가격이 상승해왔는지 그리고 발전할 것인지를 알아보겠다.

가격과 버블의 패턴을 분석해보면, 이 둘의 움직임은 암호화폐, 블록체인 기술과 별 관련이 없다는 사실을 발견할 수 있다. 비트코인이 처음 시장가를 형성한 시기는 2010년 7월 17일이다. 비트코인을 채굴하는 데 들어가는 비용을 평가해 초기에 4센트라는 가격이 정해졌다. 비트코인이 시장에서 거래된 첫 가격이다. 이 이후로 총 4번의 크고 작은 암호화폐버블을 경험하며 비트코인 가격이 상승해왔다. 앞서 말했지만 비트코인은 원가가 존재한다. 이 원가가 비트코인의 기본가치다. 하나의 비트코인이 지니는 근본적인 가치라는 이야기다. 이 이상의 가격은 가격 상승에 대한 기대감이 반영된 버블일 뿐이다.

구분	표면상 형성 원인	표면상 붕괴 원인
2011년 비트코인 버블	가격형성과 실크로드에서 비트코인 사용	마운트곡스 거래소 해킹사건, 실크로드 폐쇄에 대한 실망감
2013년 비트코인 버블	키프로스 사태로 비자금이 비트코인으로 이동, 코인베이스 거래소의 등장	투기세력의 차익실현과 비자금 회수
2014년 비트코인 버블	비트코인 채굴의 급격한 증가와 각국 암호화폐 거래소 설립	마운트곡스 해킹과 거래소 폐쇄
2017년 비트코인 버블	암호화폐 투자에 대한 미디어의 관심 증가, ICO의 활성화, 테더발행량 상승, 가격 상승에 대한 기대감	테더에 대한 의심, 투기세력의 차익실현, 암호화폐 채굴자들의 투자금 확보

비트코인 시장의 첫 번째 버블붕괴는 2011년에 일어났다. 비트코인 가격은 2011년 연초에 30센트 선에서 거래되다 6월에 30

버블을 의심해야 한다

달러까지 급격하게 상승했다. 이 버블의 출발은 실크로드라는 익명 상거래 웹사이트에서 시작했다. 실크로드는 27세였던 로스윌리암 울브릭트Ross William Ulbricht가 만든 불법거래 사이트다. 이곳은 마약, 총기, 불법동영상 거래를 비트코인으로 진행했다. 이전까지는 비트코인이 그저 실험적이고 재미있는 화폐였다면, 이 거래로 실물 상품과의 거래가 가능하다고 증명된 것이다. 많은 사람이 비트코인으로 물건을 구매하기 위해 마운트곡스Mt. GOX라는 암호화폐 거래소에서 비트코인을 구매했다. 3년 동안 약 1,500만 건의 거래가 발생했고, 약 100만 명에 가까운 사람들이 실크로드를 사용했다. 그리고 비트코인 가격은 급격한 상승기를 겪었다. 비트코인 버블이 붕괴된 사건은 예상하지 못한 곳에서 시작됐다. 마운트곡스가 2011년 6월말 해킹을 당하면서 피해자들이 속출한 것이다. 엄청난 양의 비트코인이 시장에서 사라지자 비트코인 시세는 폭락하게 된다. 엎친 데 덮친 격으로 실크로드가 폐쇄되면서 비트코인으로 물건을 구입하는 일이 불가능해졌다. 그러자 비트코인 가격은 제자리를 찾았다.

두 번째 비트코인 버블붕괴는 2013년에 일어났다. 이때는 비트코인의 가격이 10달러에서 1,200달러까지 급격하게 상승했다. 시세 상승의 시발점은 키프로스 사태다. 그리고 키프로스 사태의 출발은 2008년 경제위기로부터 시작된다. 2008년부터 유로존에 편입된 그리스는 재정상황이 점차 악화되자 2012년 부도 직전까지 내몰리게 된다. 그러자 국제 사회에 구제 금융을 신청하게 되는데 이 대가로 조세피난처로 유명한 키프로스 섬의 자산에 대한 세금을 요구받게 된다. 이후 그곳에 보관되었던 자금이 대거 은행을 통해 빠져나오는 뱅크런이 벌어졌다. 갈 곳을 잃은 이 엄청난 자금은 익명성이 보장되며 국가 통제에서 자유로운 비트코인으로 흘러가게 됐다. 그렇게 자금이 몰리면서 비트코인 가격이 폭등하게 됐다. 비트코인 가격은 실제가치보다 너무 높아졌고, 이후 자연스럽게 오랜 시간에 걸쳐 하락했다.

세 번째 비트코인 버블붕괴는 2014년에 일어났다. 2014년 1월 950달러에 거래된 비트코인은 애플의 블록체인 기반 애플리케이션 불허와 마운트곡스 거래소의 출금 정지로 인해 100달러까지 급격하게 떨어졌다. 또한 해킹으로 인해 100만 개의 비트코인이 탈취되어 경영난을 겪은 마운트곡스 거래소가 파산을 결정했다. 이어서 2014년 3월 중국에서 암호화폐 거래소의 은행계좌를 폐쇄한다고 발표하며 암호화폐 생태계를 거의 죽였다. 이후 비트코인의 가격은 전고점에 도달하기까지 무려 2년 가까운 시간이 걸렸고, 시장은 다음 버블이 올 차례가 되었다.

네 번째 비트코인 버블붕괴는 그로부터 3년 뒤인 2017년에 일어났다. 연초 770달러에서 거래된 비트코인은 1년간 엄청난 가격 상승을 거쳐 2017년 12월 1만 8,000달러까지 상승했다. 2017년 암호화폐버블은 여러 가지 설이 있지만, 중국의 암호화폐 규제, JP모건 제이미 다이먼의 비트코인 사기발언, 9월 대한민국의 ICO 행적상 금지처분 등 악재가 있었음에도 아시아권에서 강한 수요를 보여 가격이 상승했다고 본다. 일본에서 비트코인을 합법적인 결제수단으로 인정하고, 대한민국에서도 암호화폐 거래소의 적극적인 홍보로 암호화폐 투자가 활성화된 것이다.

2017년 11월 테더코인 발행량 증가를 신호탄으로 비트코인의 가격이 매일같이 급등했다. 하지만 가격이 전고점을 찍은 직후 비트코인은 2018년 1~2월에 걸쳐 폭락했다. 비트코인버블 패턴을 살펴보면, 버블이 예상치 못한 요인으로 형성돼 허무한 이유로 사라진다는 것을 알 수 있다. 암호화폐가 대단해서, 블록체인이 활성화돼서 버블이 생기고 암호화폐와 블록체인이 망해서 버블이 붕괴된 적은 없다. 따라서 암호화폐버블이 형성되는 것에 큰 의미를 부여할 필요가 없다. 아니, 전혀 의미부여 하지 않아도 된다. 암호화폐버블은 그저 누군가에겐 돈을 버는 기회, 누군가에게는 돈을 잃는 경험일 뿐이다.

지진과 버블은 닮았다?

암호화폐 시장은 비트코인의 움직임에 맞춰 성장해왔다. 비트코인 버블이 발생하면 다른 암호화폐 가격도 상승했다. 비트코인 버블이 꺼지면 다른 암호화폐 가격도 덩달아 떨어졌다. 대표적인 비트코인 버블은 앞서 설명한 4번의 버블이 대표적이지만, 실은 4번보다 훨씬 많은 크고 작은 버블이 존재해왔다. 블락지코리아

연구팀은 비트코인 그래프에 기록된 크고 작은 버블을 하나하나 기록해 통계를 만들었다. 약 10개의 핵심 가격변동을 분석해보니 다음과 같은 의미 있는 그래프가 도출됐다. 지진과 버블의 상관관계라고 불리는 비트코인 가격변동 패턴이다.

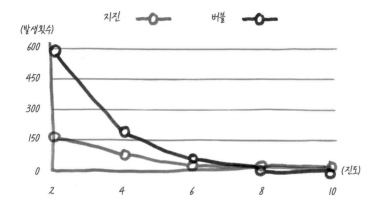

자연현상인 지진은 지각 이동의 마찰로 발생한다. 하나의 지각이 오른쪽으로 이동할 때 반대편 지각이 다른 방향으로 이동한다면, 이 지각들은 일정 기간 마찰을 받아내며 에너지를 비축하다 갑자기 발산하게 된다. 이 에너지 발산을 지진이라고 부른다. 지진은 특별한 패턴을 그리며 생기는데, 진도가 낮을수록 지진의 빈도수가 높고 진도가 높을수록 지진의 빈도수가 낮다는 패턴이다. 이를 진도별 지진 빈도수 그래프로 나타낼 수 있다.

비트코인 가격의 급격한 변동을 버블이라고 부른다. 버블은 수

버블을 의심해야 한다

요와 공급이 맞지 않고 정보가 비대칭일 때 투기세력의 조작으로 생겨나는 현상이다. 비트코인 가격의 변동성을 주 단위로 나타내어 가격의 변동성을 살펴보았더니 비트코인의 버블과 지진의 진도별 빈도수는 우측 아래로 반비례하게 떨어지는 모양을 나타냈다. 이는 비트코인 가격에 형성되는 가격변동(버블)은 큰 등락일수록 빈도수가 낮게 일어나고 작은 등락일수록 그만큼 자주 일어난다는 말이다. 시장에 수많은 버블이 일어난다 해도 심각한 파괴력을 지닌 버블은 흔하지 않다. 이 때문에 우리는 2017년 12월에 일어난 암호화폐버블은 시장에서 흔하게 일어나지 않는 버블임을 인지할 수 있다. 버블을 일으키는 직접적인 요인은 다양하다. 투기세력의 시세조작, 실물경제의 위기, 뱅크런 사태, 짐바브웨처럼 법정화폐에 대한 불신이 일어나 가격이 오르기도 한다. 혹은 급격한 전력난 때문에 비트코인 채굴가격이 오르거나 세계 각국의 비트코인 인정 등으로 버블이 형성될 수 있다. 형성요인은 다양하지만, 버블의 등락폭과 빈도수는 일정한 패턴을 보인다는 점을 기억해야 한다. 작은 진도의 버블은 횟수가 많고, 높은 진도의 버블은 횟수가 적다. 이 사실을 기억하면 암호화폐 시장에서 버블이 어떤 패턴을 보이는지 알 수 있으며, 마주하고 있는 버블의 끝도 볼 수 있다.

어떤 투자자에게 버블은 공포다. 자신의 이성을 마비시키고 피해를 입히기 때문이다. 반면에 어떤 사람들에게 버블은 희망이다. 버블을 잘 활용하면 빚을 청산하거나 큰돈을 벌 수 있다고 생각하기 때문이다. 위기가 기회인 것과 마찬가지다. 이번 2017년 12월 버블은 암호화폐로 큰돈을 번 사람과 큰 손해를 본 2가지 부류의 투자자를 양산했다. 흥미로운 사실은 이번 버블에서 피해를 본 사람이 가까운 시일 내에 이번 버블과 같은 기회(?)가 찾아올 것이라는 희망을 갖는다는 점이다. 그러나 버블의 패턴에서 살펴볼 수 있듯이 등락폭이 높은 이번과 같은 버블은 쉽게 생겨나지 않는다. 등락폭이 높은 버블을 기다리는 사람이라면 1년 이상 기다려야 할 가능성이 높다. 등락폭이 작은 버블을 기다리는 사람이라면 몇 달 내로 원하는 시장 상황을 맞이할 수 있다.

버블 패턴에서 우리가 배워야 하는 암호화폐의 진실은 다음과 같다. 사람들이 기대하고 기다리는 큰 버블은 가까운 시일 내에 나타날 가능성이 적다. 워낙 낮은 빈도로 형성되는 등락폭을 지니기 때문이다. 그리고 버블에 큰 의미를 두면 안 된다. 암호화폐 버블과 붕괴는 암호화폐 승패와는 관련이 없다. 투기세력과 이에 동참한 개미 투자자들이 만들어낸 또 다른 버블일 뿐이다. 그렇다면 우리가 집중해야 하는 것은 무엇일까? 암호화폐를 더 잘 이해하기 위해서 시장의 거시적인 흐름을 되짚어볼 필요가 있다.

버블을 의심해야 한다

- 주식시장과 마찬가지로 암호화폐 시장의 가격변동에서 지진의 패턴을 찾아볼 수 있다. 지진의 패턴이란 진도가 낮은 지진이 많고 진도가 높은 지진이 적다. 이처럼 가격변동이 상대적으로 작은 버블은 빈도가 높고 가격변동이 높은 버블은 빈도가 적은 것이다.

- 지금까지 암호화폐 시장은 2~3년에 한 번씩 큰 버블을 겪었으며, 지금까지 총 4번이었다. 다가오는 2020년 전에 또 한 번의 거대한 암호화폐버블이 다가올 것이다.

- 투자자들이 기대하는 가격의 거대한 상승은 자주 일어나는 현상이 아니다. 이런 투기현상을 기다리고 탑승하려는 행동은 매우 위험하고 순진한 생각이다.

06

암호화폐 가격은
아직도 상승 중

　2017년 암호화폐버블은 10월 중순부터 본격적으로 시작해 2018년 1월에 끝이 났다. 현재는 거의 모든 가격이 상승 시작 전의 선까지 떨어졌다가 횡보하는 중이다. 이런 시장의 모습을 보고 어떤 사람들은 암호화폐 시장이 참패로 끝났다고 말한다. 암호화폐의 실패를 보여주는 단면이라고도 한다. 이를 두고 TV토론에 자주 등장하던 유명인은 최근 한 매체와의 인터뷰에서 환상에 투자한 사람들이 감당해야 할 당연한 결과라고 말했다. 2017년 12월에 처음 투자를 시작한 사람은 크게 놀랄만한 하락장이다. 그러나 버블이라는 껍질을 벗기면 또 다른 진실이 존재한다. 바로 암호화폐 가격은 아직도 상승 중이라는 사실이다.

연도별 비트코인 가격	최저가	최저가 변동률	최고가	최고가 변동률
2011년	$0.30	600%	$29.24	13,080%
2012년	$4.22	1,400%	$13.68	324%
2013년	$13.73	300%	$1,102.05	8,026%
2014년	$310	2,600%	$956.89	308%
2015년	$192	-40%	$461.92	240%
2016년	$372	200%	$967.39	259%
2017년	$946	270%	$19,169.32	2,026%
2018년	$6,769	700%	?	?

최저가만 살펴보아도 비트코인 가격은 매년 상승한 것을 확인할 수 있다. 매년 벌어지는 등락폭과 가격은 동일하지 않지만, 장기적으로 상승한 것만은 분명하다. 2010년 처음 시장에서 거래된 비트코인은 1달러를 넘기지 못한 채로 거래됐다. 비트코인의 최고가는 거품가격이 반영되어있기에 올바르게 평가할 수 없지만, 비트코인 최저가격을 살펴보면 가격이 꾸준히 상승해온 것을 볼 수 있다. 2010년부터 형성된 최저가의 변동률을 살펴보면 0.3달러에서 4달러로, 4달러에서 100달러로, 2018년에는 6,000달러까지 상승했다. 이렇게 비트코인 가격 상승의 요인으로는 비트코인

을 채굴하는 비용이 증가하고, 이에 대한 수요가 많아졌으며, 법정화폐의 실질가치가 떨어진 점을 이유로 들 수 있다. 실제로 비트코인을 채굴하는 데 들어가는 비용은 매년 상승하고 있다. 이는 비트코인 창시자가 애초에 계획했던 것이다. 더 많은 참여자가 비트코인을 얻기 위해 채굴에 뛰어들면 뛰어들수록 하나의 비트코인을 채굴하는 데 들어가는 비용이 늘어나게 되는 것이다. 하나의 블록을 생성해 채굴에 성공했을 때 받는 비트코인 개수도 4년마다 반으로 줄어든다. 〈블룸버그통신〉의 조셉 루빈에 따르면 2017년 급격하게 상승한 비트코인의 가격은 공급과 수요의 구조가 기술적인 한계에 다다랐기 때문이라고 분석했다. 실제로 비트코인 가격은 올해 100% 이상 상승한 시장수요에 비해 공급량이 4%밖에 늘지 않았다.

비트코인 채굴가격 변화를 보여주는 블록체인 사이트blockchain. info에 들어가면, 비트코인의 채굴비용을 확인할 수 있다. 채굴자들이 받아가는 거래처리비용은 하나의 비트코인을 만드는 데 소모되는 비용과 비례한다. 채굴자는 블록을 만들어 거래를 처리하고 비트코인을 보상받기 때문이다. 거래처리비용의 그래프를 살펴보면 2010년부터 2018년까지 비트코인 채굴비용이 장기적으로 상승한 것을 확인할 수 있다. 하나의 비트코인을 만드는 원가가 늘어난다는 사실이다.

그다음으로 전 세계적으로 비트코인에 대한 수요가 많아진 것이 원인이다. 비트코인을 활용하려는 이유는 다양하겠지만, 공급

버블을 의심해야 한다

량은 정해져 있는데 이에 대한 수요가 꾸준히 늘어나기 때문에 비트코인 가격은 시간이 지나면서 상승하게 된다. 비트코인 지갑은 2013년 1월 7만 4,000개 수준에서 2018년 1월 2,161만 8,910개로 292배 상승했다. 비트코인 버블이 일어난 2017년 1월부터 2018년까지는 이용자가 2배로 늘었다. 2017년 연초에 1,000만 개였던 비트코인 지갑은 2018년 연초에 2,100만 개를 훌쩍 넘어서며 급격한 상승을 보였다. 비트코인 지갑이 많아진다는 것은 이에 대한 수요가 증가한다는 뜻이다.

마지막으로는 10년 동안 법정화폐의 가치가 떨어졌기 때문이다. 법정화폐의 가치가 떨어졌다는 뜻은 1만 원으로 살 수 있는 물건의 양이 줄어들었다는 것이다. 예를 들어, 2010년에 1만 원으로 마트에서 사과를 20개 살 수 있었다고 하자. 그러나 화폐의 가치가 떨어지면 1만 원으로 사과 10개밖에 사지 못할 수도 있다. 법정화폐의 실질가치가 떨어지는 현상 그래서 물가가 오르는 현상, 이것을 인플레이션이라고 부른다. 법정화폐 가치가 떨어지는 이유 중 하나는 정부가 매년 새로운 화폐를 발행해 시장에 공급하기 때문이다. 비트코인은 상품이다. 동일한 품질로 한정된 양만 시장에 공급되는 일종의 물건이다. 공급이 제한되기 때문에 비트코인을 디플레이션 화폐라고 부르기도 한다. 디플레이션 성격을 지닌 상품은 법정화폐 가치가 떨어지면 떨어질수록 가격이 오른다. 예를 들어, 몇 년 전에는 짜장면이 3,500원이었지만 최근에는 6,000원까지 올랐다. 짜장면이라는 상품은 그대로지만, 가격이 오른 것은 법정화폐의 가치가 떨어졌다는 것을 의미한다. 법정화폐의 가치가 떨어지는 데 비트코인 품질이 그대로라면 가격은 오르는 게 당연하다.

비트코인 뿐만이 아니다. 대부분 정해진 수학 공식대로 채굴되는 암호화폐는 이렇듯 장기적으로 가격이 상승해왔다. 흔히 알고 있는 이더리움, 라이트코인, 대시, 모네로 같은 암호화폐는 모두 가격이 상승했다. 암호화폐 가격이 꾸준히 상승했다는 점에서 우리가 인지해야 하는 또 하나의 사실은 다음과 같다. 암호화폐버블현상으로 암호화폐가 성공했다, 실패했다고 점치면 안 된다는 사실이다. 버블형성과 붕괴는 투기현상일 뿐이지 암호화폐의 실패가 아니다. 더 나아가 블록체인의 실패를 말하는 것은 더더욱 아니다.

한때 인터넷 기업의 주가는 닷컴버블 이후에 급격하게 하락했지만, 20년이 지난 오늘날 전고점을 넘은 인터넷 기업도 넘쳐난다. 닷컴버블이 터졌다고 인터넷, 인터넷 기업이 망하지 않았듯이 우리는 계속 버블이 이어진다고 해서 블록체인, 암호화폐 기업이 망했다고 생각해서는 안 된다. 현재 암호화폐 가격을 보면서도 암호화폐가 망했다고 섣불리 판단하지 말라. 1년 전 오늘, 3년 전 오늘, 그리고 5년 전 오늘과 비교하면 대다수 정상적인 암호화폐는 가격이 상승해 왔고, 상승을 이어나갈 것이다.

버블을 의심해야 한다

- 시장의 버블과는 관계없이 전반적으로 암호화폐 가격이 상승해 온 것은 틀림없는 사실이다. 버블이 있었다고 암호화폐 시장이 망했다고 생각하는 것은 잘못된 인과다.

- 암호화폐 가격 상승은 수요 증가, 유용성과 기술 개선에 따른 자연스러운 결과다. 더 좋은 서비스가 나오고 수요가 늘어나니 가격이 올라가는 것은 시장의 원리다.

- 비트코인 가격 상승의 원인은 지난 9년간 법정화폐의 가치가 떨어져 암호화폐의 명목가격이 상대적으로 높아졌기 때문이기도 하다.

07

초대형 버블 등장의 신호탄

기관 투자자의 진입

최근 암호화폐 시장에 뜻밖의 뉴스가 올라왔다. 바로 투자의 귀재 조지 소로스가 암호화폐에 직접 투자한다는 소식이었다. 이에 암호화폐 커뮤니티 반응은 반으로 나뉘었다. 소로스의 투자를 반가워한 사람들은 암호화폐 투자로 큰 수익을 내고 싶어 하는 이들이었다. 이들은 버블이 붕괴되고 시장이 잠잠해진 이 시기에 소로스가 투자를 시작한다는 것은 앞으로 세계적인 헤지펀드, 국가연기금, 금융기관, 대규모 투자자가 판을 벌일 대버블의 초입에 서 있다는 것을 의미한다고 이야기한다. 반대로 소로스의 투자를 반대한 사람들은 블록체인과 암호화폐가 투기판으로 성장하지 않고 건강하게 크기를 바라는 암호화폐 옹호자다. 이들은 암호화폐가 성장하는 단계에서 세계적인 투기꾼의 등장으로 암호화폐가 그릇된 방향으로 성장될 수 있다는 걱정을 드러냈다. 닷컴버블처럼 암호화폐버블의 끝이 본격화될지도 모른다는 불안감이었다.

실제로 소로스의 암호화폐 투자결정은 굉장히 의미 있는 사건이라고 보인다. 소로스는 버블을 조장하고 이를 이용해 막대한 수익을 올린 전적이 있는 악명 높은 투기꾼이다. 그의 수법과 전략이 예술적이라고 평가하는 사람들도 있다. 그가 투자를 결정하기 전 지키는 원칙이 있는데, 이는 시장이 한 번의 검증을 마치고 제도권에 안착해 가격이 급락을 만회하는 시기에 진입하는 것이다. 소로스는 이때가 투자하기 가장 적절한 시기라고 표현한다. 실제로 암호화폐의 가격은 2018년 1월을 기준으로 폭락하다 3월 말을 기준으로 급락을 만회하기 시작했다. 비트코인, 이더리움 등 일부 암호화폐가 상승세를 시작하고 있다. 암호화폐가 또 한 번의 검증을 마치고 점검하는 이때 소로스의 등장은 본격적인 암호화폐 붐의 신호탄일 수도 있다. 소로스 같은 초대형 투자자는 높은 리스크가 있는 투자를 오히려 피한다. 투자하는 자금이 워낙 막대하기 때문에 제도권에 자리 잡지 않으면 진입하지 않는다. 따라서 이들은 시장이 몇 번의 검증을 거치고 난 후, 제도권에 안착할 때쯤 투자한다.

2017년 10월을 기준으로 전 세계가 암호화폐 시장과 블록체인 기술에 이목을 집중하면서, 싱가포르와 일본 등에서는 강력한 제제방안을 내놓기 시작했다. 예를 들어, 일본에서는 암호화폐 거래소의 기준을 상향조정해 안전성을 확보하고, 암호화폐 상장까지 관여할 준비를 마친 상황이다. 게다가 비트코인을 정식 화폐로 인정하면서, 다른 국가가 비트코인을 금지해도 일본에서는 사용할 수 있는 발판을 만들었다. ICO의 성지로 급부상한 상가포르는 ICO에 대한 규정과 암호화폐(블록체인) 기업에 대한 강력한 법률을 준비 중이다. 토큰을 발행하는 경우, 이를 증권으로 규정하는 법안과 투자자 보호를 위해 투명성을 강조하는 등이 그 내용이다.

이렇게 암호화폐 시장이 각국의 제도권에 들어오면서 소로스 같은 전문 투자자가 진입할 조짐이 보인다. 제도권에 암호화폐 시장이 안착한다면, 소로스 같은 투자자들의 주도로 암호화폐에 새로운 버블이 형성될 가능성이 높다. 그 버블은 어쩌면 지금까지 있었던 4번의 거대한 버블과는 비교하기 어려울 정도의 초대형 버블일지도 모른다.

초대형 버블붕괴의 원인

초대형 버블은 아무도 버블이라고 의심하지 않을 때 무너질 가능성이 높다. 암호화폐 가격과 반복된 버블에서 확인했듯 실질가격을 넘어서는 명목가격은 다시 실질가격으로 되돌아오기 때문이다. 그러나 이것은 시기의 문제지 직접적인 요인은 아니다. 2018년 1월 미국의 경제 전문 매체인 CNBC는 암호화폐버블이 붕괴될 4가지 시나리오에 대해 보도한 적이 있다. CNBC는 암호화폐버블붕괴를 앞당길 요인으로 세계 각국의 암호화폐 규제, 암호화폐 거래소 붕괴, 과도한 신용대출, 테더코인을 꼽았다.

첫 번째는 세계 각국이 동시에 암호화폐 시장을 강력하게 규제하면 버블이 붕괴된다는 주장이다. 실제로 미국과 유럽의 규제 당국들은 암호화폐 거래소와 생태계에 서비스를 제공하는 회사들의 폐쇄를 고려하고 있다. 중국은 2017년 여름에 암호화폐 거래소를 금지했고 대한민국에서도 한때 거래소 폐쇄가 논의된 적이 있다. CNBC의 분석에 따르면 서구권 국가에서 올해 거래소를 폐쇄할 가능성은 10% 미만이며, 이 경우 시장이 전고점에서 50% 가량 하락할 수 있다는 분석을 발표했다. 하지만 블록체인을 육성하려 하는 세계 각국이 암호화폐의 충분한 검증과정 없이 강력한 규제부터 도입한다는 것은 비현실적인 시나리오다. 또한 특정 국가에서 암호화폐를 규제해도 투자자는 새로운 국가로 이동하면 되기에 시장을 한 번에 뿌리 뽑기는 어렵다.

두 번째는 주요 암호화폐 거래소가 붕괴되면 버블도 따라서 붕괴될 것이라는 주장이다. 거래소가 파산하면 마운트곡스 사건처럼 시장이 붕괴된다는 관측이다. 하지만 한때 암호화폐 거래의 70%를 차지했던 마운트곡스 파산 이후에도 암호화폐 시장은 점진적으로 성장해왔다. 현재 암호화폐 거래소의 1, 2, 3위를 다투는 바이낸스, 오케이 익스체인지, 후오비가 파산한다고 해도 비슷한 상황이 오리라는 가능성은 낮다. 코인마켓캡에 따르면 현재 한 거래소가 전체 거래량의 10% 이상을 차지한 경우가 거의 없을 정도로 거래량이 많이 분산되어있다. 한 번 10개의 거래소가 해킹당하더라도 해킹 그 자체가 암호화폐 시장을 붕괴시킬 것이라는 주장은 근거가 불충분하여 경험적으로도 틀릴 가능성이 높다.

세 번째는 과도한 신용대출이다. 신용대출의 급증은 암호화폐 버블을 촉진시킨다. 이로 인해 명목가치가 실질가치보다 과도하게 높아지고, 이때 버블이 붕괴된다는 분석이다. 암호화폐 분석가 줄리안 호스프는 시장이 전고점에서 5~10% 하락할 확률은 20~25%로 높은 수준이라고 말했다. 투자자들이 빚을 내서 암호화폐를 구입하고 있기 때문이다. 이들은 소폭 하락의 조짐이 보이면 자금을 급격하게 회수하여 암호화폐 가격의 급락을 초래할 수 있다고 한다. 과도한 대출은 분명 버블의 붕괴 속도를 높이는 요인 중에 하나로 작용할 것이다. 대출원금을 지키려는 소비자의 심리가 반영되기 때문이다. 하지만 버블붕괴의 신호탄이 될 만한 이유는 아니다. 오히려 대출증가는 버블이 붕괴될 때 붕괴속도를 높이는 요인으로 작용할 가능성이 높다.

마지막은 테더코인의 사기판정 및 가격붕괴가 버블붕괴를 초래한다는 주장이다. 줄리안 호스프는 암호화폐 시장에 존재하는 1달러 페그화인 테더코인의 달러 예금이 존재하지 않을 경우 테더코인 가격이 제로가 될 수 있다고 한다. 만약 테더코인 시가총액이 16억 달러라면 시장에서 그만큼 증발하고, 이것이 촉진제가 되어 버블 붕괴를 초래한다는 주장이다. 테더코인 사기가 사실임이 판정되면 암호화폐 시장에 의미 있는 영향을 줄 것이다. 테더코인이 차지한 모든 거래는 제로가 되기 때문이다. 하지만 테더코인이 암호화폐에 들어있는 거품가격을 한 번에 덜어내는 현상의 충분한 요인으로는 보이지 않는다. 초대형 버블이란 암호화폐가 일시적인 하락을 겪는 것이 아닌, 암호화폐 전체가 붕괴되고 암호화폐에 대해서 사람들이 철저한 검증을 시작하는 일이라고 보기 때문이다.

필자는 가장 가능성 있는 버블붕괴 시나리오로 앞의 4가지가 아닌 '암호화폐의 실질가치 형성'을 꼽는다. 한 블록체인이 실물경제와 밀접하게 연결되고 실질적인 구매력을 지니는 순간부터 암호화폐의 가치는 특정 가격에 수렴된다. 암호화폐 구매력이 생기면 암호화폐의 실질가치를 판단할 수 있다는 말이다. 그럼 다른 암호화폐도 비교하게 되고, 실질가치보다 높은 명목가치를 지닌 암호화폐는 모두 물거품이 된다. 아직까지 암호화폐 가격이 계속 오르내리는 이유 중 하나는 현존하는 대부분의 암호화폐로는 구매할 수 있는 게 별로 없기 때문이다. 이 암호화폐로 10만 원어치를 구매할 수 있을지 혹은 1,000만 원어치를 구매할 수 있을지 모르기 때문에 정해진 가격이 없다. 하지만 특정 암호화폐가 확실한 구매력과 실질가치를 지니는 순간, 암호화폐 시장에 낀 거품이 터질 가능성이 높다. 실제로 1만 원어치 밖에 사용되지 않은 암호화폐가 90만 원에 거래되면 1만 원정도로 가격이 조정되는 것이다. 닷컴버블 붕괴의 원인도 비슷했다. 인터넷 기업의 주가가 계속 올라가다 막상 인터넷으로 수익을 내는 회사가 생겨나자 수익모델이 없는 기업의 주가가 폭락했다. 암호화폐 중에서 가치를 창조해내는 암호화폐가 등장하고, 그것이 실물경제와 제대로 결합하는 순간 암호화폐 시장에 낀 버블이 걷어질 것이다.

사람들에게 초대형 버블의 가능성을 이야기하면, 버블 때의 암호화폐 가격을 물어보곤 한다. 그러나 버블 때의 암호화폐 가격은 현실적으로 예측할 수 없으며 하더라도 아무런 의미가 없다. 미국 보안기업 맥커피의 창업자 존 맥커피는 수학적 계산만 해봐도 비트코인 가격이 5억 5,000만 원은 훌쩍 넘을 것이라고 주장한다. 그는 비트코인이 5년 안에 50만 달러를 넘어서지 않으면 자신의 중요부위를 TV 앞에서 잘라내겠다는 자극적인 발언으로 유명하다. 국내의 한 서적은 비트코인 가격이 1억 원은 거뜬히 넘을 것이라 예측한다. 그러나 버블 상황에서 암호화폐 가치가 1억, 5억, 10억 원이 되는 것은 전혀 의미가 없다. 우리가 집중해야 하는 것은 암호화폐의 실질가치이지 거래소에 나와 있는 암호화폐의 최종 거래 가격이 아니기 때문이다. 그리고 현실적으로 생각해보라. 비트코인의 명목가치가 수억 원을 넘어서는 순간 매도하고 싶지 않은 투자자가 어디 있겠는가. 따라서 암호화폐 거래소에 뱅크런 사태가 일어날 가능성도 존재한다.

다시 강조하지만, 우리가 중요하게 판단해야 하는 것은 암호화폐의 실질가치이며, 암호화폐가 법정화폐 경제와 융합하기 전까지는 객관적으로 평가할 수 없다. 초대형 버블이 일어나기 전까지 투자자는 이 점을 지켜보며 언제나 긴장을 늦추지 말아야 한다. 현명한 투자자라면 버블 형성을 인지한 순간, 마음을 훌훌 털고 시장을 나서야 한다. 주변 사람들이 암호화폐에 대해 다시금 이야기하기 시작할 때, 암호화폐의 가격이 내일도 오를 것 같을 때, 암호화폐가 방송에 나올 때 시장을 빠져나오는 것이 현명한 결정이다.

초대형 버블이 붕괴되고 나면 암호화폐 시장은 또 다른 국면에 처한다. 투기꾼들이 떠난 후 남은 참여자들은 암호화폐 하나하나를 냉정하게 의심하고 검증하기 시작할 것이다. 그리고 검증된 암호화폐의 가격은 합리적인 실질가치에 수렴하게 된다. 이때부터는 쓰임이 있고 가치를 지니는 암호화폐만이 살아남고 실생활에 적용되기 시작할 것이다. 초대형 버블이 끝나고 투기꾼이 시장을 나설 때 암호화폐의 실질가치가 드러나게 된다. 이런 점에서 〈이데일리〉 이정훈 기자가 말했듯 '블록체인의 성공에는 암호화폐 투기의 종말이 필요'할지도 모르겠다. 투기가 종말되어야 가격과 버블에서 벗어나 블록체인을 있는 그대로 바라볼 수 있기 때문이다. 암호화폐버블은 닷컴버블과 함께 21세기 버블 역사에 기록될 가능성이 높다. 블록체인은 뒷전으로 한 채 0과 1로 이뤄진 암호화폐에 수천 만원, 수억 원의 가치를 부여한 우리들은 과거로부터 배우지 못해 같은 역사를 반복한 세대로 기억될지도 모른다. 그러나 그 세대 중에서도 분위기에 역행해 기회를 잡는 사람들이 분명 존재한다. 닷컴버블 때 벼락부자가 된 사람이 있듯이 말이다. 암호화폐버블에서 똑같이 기회를 잡으려면 가격과 버블에 단호해지고, 본질과 아이디어를 직시해야 할 것이다.

버블을 의심해야 한다

- 초대형 버블이 등장하기 위해서는 기관 투자자들의 진입이 필요하다. 기관 투자자들이 본격적으로 암호화폐 시장에 투자하기 위해서는 투자 장치가 마련되어 있어야 한다. 투자 장치란 선물거래, 자동거래, 토큰 증권으로의 분류가 필요하다.

- 조지 소로스의 암호화폐 투자시작은 또 다른 투기현상의 신호탄으로 생각할 수 있다.

- 골드만삭스와 같은 대형투자은행도 서클과 같은 자회사를 통해 암호화폐 시장에 간접적으로 투자하고 있다.

- 초대형 버블의 붕괴원인은 실질가치 형성이다. 하나의 암호화폐라도 실질가치가 판단된다면 거품가격을 없앨 경제적인 인센티브가 충분히 있기 때문이다.

- 초대형 버블 때 암호화폐 가격은 무의미하다. 어차피 떨어질 가격이다.

- 초대형 버블이 다가와도 흔들리지 않으려면 실질가치를 남들보다 빠르게 발견하고 수학적으로 대처하면 된다.

08

암호화폐 가격보다 중요한 것은
블록체인 아이디어

앞서 언급했듯, 암호화폐버블은 닷컴버블과 매우 비슷한 양상으로 흘러갈 가능성이 높다. 닷컴버블 때 진정한 잠재력이 인터넷에 있었듯 암호화폐버블의 진정한 잠재력은 블록체인에 있다. 닷컴버블 때 우리는 인터넷 뱅킹을 사용할 줄 몰랐으며 구글 검색과 인터넷 쇼핑도 할 줄 몰랐다. 인터넷이 우리의 삶을 얼마나 바꿀지 전혀 알지 못한 상황에서 기술에 대한 가치를 평가했다. 신기술 등장 앞에 사람들의 태도는 조금도 바뀌지 않았다. 우리는 블록체인을 사용할 줄 모르고, 암호화폐를 활용해 거래하지 않는다. 블록체인과 암호화폐가 우리의 삶을 얼마나 바꿀지 전혀 경험하지 못한 상황에서 단순히 기술에 대한 가치를 평가하고 있다.

닷컴버블 때 우리가 잘못한 점은 닷컴기업의 가치를 과하게 평가한 일이다. 블록체인 시장도 전혀 다르지 않다. 암호화폐 그 자체를 과대평가하면 안 된다. 현재 우리는 블록체인이라는 신기술의 본질과 장점을 보지 않고 암호화폐라는 거래·지불수단만을 가치 있게 평가한다. 블록체인을 사용해보고 검증해보기도 전에 블록체인에 무한한 가치를 부여하고 파생된 암호화폐를 거래한다. 실제가치의 평가가 이루어지기도 전에 암호화폐가 법정화폐와 교환되기 시작한 것이다. 블록체인의 진정한 잠재력은 자유로운 거래, 믿을 수 있는 교환, 탈중앙화 플랫폼 생태계의 탄생에 있다. 블록체인에 대한 구체적인 이해 없이 암호화폐를 거래하는 것은 인터넷의 장점을 모르고 닷컴이라고 쓰인 기업에 투자했던 사람들과 다르지 않다.

안타깝게도 암호화폐 시장에는 투기가 존재하고 이는 거품가격과 버블현상을 주도한다. 그리고 단기간에 이뤄지는 엄청난 수익률에 사람들은 블록체인보다 암호화폐에 그리고 아이디어보다 가격에 집중하고 있다. 그러나 현명한 투자자라면, 블록체인 기술의 잠재력을 믿는 사람이라면 암호화폐보다 암호화폐를 자유롭게 거래하게 만드는 블록체인과 확장 응용 플랫폼 그리고 dAPP 아이디어에 집중해야 한다. 암호화폐 시장에는 스캠코인도 수없이 존재하지만, 분명 기존 생각의 문제점을 발견하고 이를 개선하려는 암호화폐도 무수히 많다. 그러나 우리는 가격에 집중하느라 이들의 목소리에 귀를 기울이지 못한다. 지금이라도 독자는 제대로 된 암호화폐 개발진의 아이디어에 귀를 기울여야 한다. 블록체인 시장과 암호화폐 쓰임이 어떻게 변화할지 더욱 명확하게 이해될 것이기 때문이다.

블록체인과 암호화폐 가격은 앞으로도 급격한 변동을 겪을 것이다. 이미 닷컴버블 때의 시장과 비슷하게 흘러가고 있기 때문이다. 충분한 이해, 조사, 분석 없이 투자하는 우리는 계속해서 블록체인과 암호화폐라는 신기술에 제멋대로 가격표를 붙일 것이다. 비트코인이 5억 원, 10억 원을 넘고 이더리움이 수천만 원을 넘을 수도 있다. 그러나 이 책을 읽는 독자만큼은 본질을 놓치지 않았으면 한다. 가까운 미래에 초대형 버블이 형성되고 터져도 블록체인의 잠재력과 가치는 사라지지 않는다. 버블과 가격은 전혀 의미 없기 때문이다. 오히려 이 시기를 기점으로 블록체인과 암호화폐가 상용화되기 시작할 것이다. 암호화폐 기업이 사라져도 기업이 발견한 문제점과 아이디어는 사라지지 않기 때문이다. 우리는 암호화폐 가격보다 암호화폐 실질가치를 판단해보자. 암호화폐버블보다 블록체인 시장의 발전상황을 주시하자. 그리고 암호화폐가 상용화되는 블록체인 세상을 구체적으로 그려보자.

편협한 시각을 조금만 달리하면 암호화폐 시장에서 닷컴버블 이후의 아마존, 구글, 이베이 같은 곳에 투자할 수 있다.

버블을 의심해야 한다·

- 암호화폐버블과 닷컴버블은 매우 비슷한 양상으로 흘러갈 가능성이 높다.

- 닷컴버블의 실수를 반복하지 않으려면 암호화폐의 가격이나 수익률이 아닌 아이디어와 실질적인 상업적 가치를 판단해야 한다.

- 초대형 버블이 붕괴되어도 블록체인의 잠재력과 가치는 사라지지 않는다. 오히려 실질가치가 형성되면서 합리적이고 이성적인 시장이 형성돼 새 성장 동력을 얻을 수 있다.

- 초대형 버블은 유용하고 정말 가치 있는 아이디어를 걸러내어, 좋은 프로젝트만을 살아남게 만들어주는 순기능을 할 것이다.

PART 3

어떤 암호화폐가
살아남을 것인가

01

암호화폐 시장,
무엇이 문제인가

파트 1에서는 현존하는 99% 암호화폐가 사라지기 때문에 존 버 투자는 지양해야 한다고 말했다. 파트 2에서는 암호화폐 시장 가격과 버블현상에 속으면 안 되고, 암호화폐와 블록체인의 실질 가치에 집중해야 한다고 설명했다. 이번 파트 3에서는 암호화폐 를 다루고 싶은 사람이라면 어떤 암호화폐에 집중해야 하는지 그 리고 어떻게 판별해야 하는지를 구체적으로 다루려고 한다. 그래 야 몇 년 안에 찾아올 거대한 암호화폐버블 속에서 닷컴버블 때 의 구글, 아마존, 이베이를 발견하고 쿠키닷컴, 신발닷컴 등 사라 질 암호화폐를 처분할 수 있기 때문이다.

좋은 암호화폐를 찾아야 하는 첫 번째 이유는 단순하다. 개인 의 피해를 줄이기 위해서다. 흔히 스캠코인이라 불리는 암호화폐 에 투자하면 언제 어떤 이유로 피해볼지 모른다. 암호화폐를 구입했는데 쓸 곳이 없거나, 스캠코인으로 정의되어 시세하락을 겪거나, 불법으로 규정돼 소지할 수 없거나, 생각보다 훌륭한 암호화폐가 나타나 사람들이 경쟁코인을 처분할 수도 있다. 애초에 좋은 암호화폐에 투자하면 버블현상, 가격의 급격한 상승과 하락에도 흔들리지 않는다. 가격이 떨어졌다고 팔거나 가격이 올랐다고 덥석 구매하는 일이 없다는 이야기다.

좋은 암호화폐를 찾아야 하는 두 번째 이유도 단순하다. 암호화폐 커뮤니티의 피해를 줄이기 위해서다. 현재까지 대중에게 뿌려진 블록체인 기술에 투자하는 방법은 암호화폐를 구입해 그 암호화폐 기업에게 직간접적으로 투자하는 방식이었다. ICO로 직접 참여할 수도 있고, 거래소에서 암호화폐를 구입해 간접적으로 투자할 수도 있었다. 하지만 계속해서 나쁜 암호화폐들이 세상에 등장하고, 이에 대중이 환호하면 환호할수록 암호화폐와 블록체인에 대한 세간의 인식은 나빠질 수밖에 없다. 결국 좋은 암호화폐 프로젝트에 필요한 자금이 흘러갈 수 없게 되고, 세상에 도움되는 기술 발전이 늦어질 가능성이 크다.

그럼 왜 지금까지 좋은 암호화폐를 선별하기 어려웠던 것일까? 첫 번째 이유는 많은 암호화폐가 뒤엉켜 버렸다는 사실과 좋고 나쁨에 대한 명확한 기준이 없었기 때문이다. 현재 암호화폐 시장은 블록체인, 암호화폐, 거래소, 채굴, ICO와 같은 독자적인 개념들이 서로 뒤섞여 있다. 블록체인과 암호화폐는 분명 다른 개념이며, 채굴과 ICO도 분명히 다른 개념이다. 게다가 암호화

어떤 암호화폐가 살아남을 것인가

폐 거래소는 거래 중개와 환전 역할을 담당하는 독립적인 기관이다. 그러나 사람들은 이 중 하나에 문제가 생기면 시스템 전체에 문제가 생겼다고 생각한다. 이는 암호화폐 시장이 비빔밥처럼 섞여 독자적인 개념이 일괄적인 개념처럼 생각되고 있기 때문이다.

두 번째로, 좋은 코인과 나쁜 코인에 대한 명확한 기준이 없기 때문이다. 모든 암호화폐가 '화폐'이며, 거래소에 거래되는 암호화폐 모두 비트코인 이외에는 '알트코인'이라는 인식이 형성되어 있다. 모든 암호화폐가 좋다, 기술력이 뛰어나다, 사람들로부터 인정받는다, 주목받는 신기술이다, 가격이 오를 것이다 등 오해가 형성된 것은 분명한 문제다. 코인과 토큰이 얼마나 쉽게 만들어질 수 있는지 공부한 독자는 다르겠지만, 대부분의 사람들은 모든 암호화폐가 굉장히 어렵고 까다로운 과정을 거쳐 탄생했다고 생각한다. 이들은 잘 모르기 때문에 거래소가 코인을 충분히 검열해서 상장시키고, 모든 암호화폐 기업이 훌륭한 기술력을 갖고 있다고 믿게 되는 것이다.

살아남을 암호화폐를 확실히 알기 위해서는 좋은 암호화폐의 존재에 대해서 알아야 한다. 그다음에 '어떤 암호화폐가 좋은 암호화폐인지'를 알아야 한다. 그리고 마지막으로 '어떤 암호화폐가 살아남을 것인가?'라는 관점에서 생존력을 봐야 한다. 우리는 닷컴버블을 통해 어떤 암호화폐가 살아남을 역량을 지녔는지 충분히 유추할 수 있다.

닷컴버블, 어떤 기업이 살아남았는가

20년 전 닷컴버블, 과연 어떤 기업이 살아남았을까? 실제로 2000년 닷컴버블이 붕괴된 이후에도 꿋꿋하게 살아남은 기업은 현재 세계 기업 시가총액 1위부터 5위까지를 차지하고 있다. 2018년 미스터캡Mr.Cap에 따르면, 1위는 애플, 2위는 구글, 3위는 마이크로소프트, 4위는 아마존, 5위는 텐센트로 모두 다 IT관련 기업이다. 그러나 이 모든 기업이 단순히 닷컴버블에서 살아남았기 때문에 시가총액 상위까지 성장할 수 있었던 것은 아니다.

앞서 말한 기업들이 성장할 수 있었던 이유는 다른 오합지졸과는 다르게 제대로 된 비전과 기술력 그리고 사업적인 역량이 준비되어 있었기 때문이다. 닷컴버블을 이겨낸 IT기업들은 다른 기업들이 주가에 연연할 때 인터넷 기술과 인터넷이 가져올 사회적 변화에 집중했다. 이들은 닷컴버블 붕괴로 타격은 입었지만, 자신들이 믿었던 비전을 실현시키기 위해서 끊임없는 노력을 했다. 이로 인해 닷컴버블을 이겨내고 또 현재 위치까지 올 수 있었다.

말도 많았고 탈도 많았던 닷컴기업의 홍수 속에서 성공사례로 꼽히는 가장 대표적인 기업은 아마존닷컴이다. 온라인 서점에서 출발해 사업영역을 일반 상품으로 확장한 아마존은 시가총액이 닷컴버블을 기점으로 무려 140% 늘어났다. 닷컴버블 전 3달러선에서 거래되던 아마존 주가는 닷컴버블 때 93달러까지 치솟았다가 닷컴버블 붕괴로 11달러선까지 내려앉았다. 그러나 지난 2002

년 판매가격은 물론, 배송료에 이르기까지 판매 전반에 걸친 공격적인 저가 정책으로 화려하게 부활했다. 2007년엔 전자책 '킨들'을 발표해 시장에 돌풍을 일으켰고, 2015년에는 드론배송과 익일배송 등의 서비스를 제공해 유통시장을 장악하기에 이르렀다. 아마존이 지닌 상품과 비전, 추진력, 아이디어에 매료된 사람들의 투자로 아마존 주가는 2018년 1,500달러가 넘어 닷컴버블이 무색할 정도로 성장했다.

닷컴기업의 홍수 속에서 성공사례로 꼽히는 또 다른 대표적인 기업은 구글이다. 구글은 닷컴버블이 한창 무르익던 1998년에 탄생해 인터넷 검색을 필두로 광고와 전자책, 휴대폰 시장까지 종횡무진하며 IT시장을 호령하는 강자로 부상했다. 구글은 비록 닷컴버블 당시, 시장에 상장하지는 않았지만 상장한 2004년을 기준으로 54달러에서 2018년 1,080달러까지 무려 20배가 넘는 성장을 이뤄냈다.

구글은 비교 불가한 검색 알고리즘과 편리한 플랫폼을 바탕으로 전 세계에서 30억 명이 넘는 인구가 사용하는 세계적인 플랫폼으로 발전했다. 현재는 인터넷이라는 단순한 정의에서 벗어난 활동으로 유튜브, 안드로이드, 인터넷 서비스, 인공지능, 데이터 분석, 생명공학까지 미래에도 살아남기 위해 끊임없이 발버둥치고 있다.

전문가들은 닷컴버블에서 살아남은 기업들은 과거 순수한 인터넷 기업에서 탈피하고, 다양한 신사업 개척에 적극적으로 나섰다는 특징이 있다고 말한다. 《플랫폼 제국의 미래》를 집필한 스콧 갤러웨이Scott Galloway는 IT산업의 승자는 기존 플랫폼을 활용해 새로운 사업을 개발하는 업체가 될 것이라고 말했다. 이미 일부 업체는 이러한 작업에 착수하고 있다. 이들이 주목하는 것은 무선 이동통신기술과 막대한 이용자 데이터를 바탕으로 기업에 알맞은 그리고 고객들에게 필요한 서비스를 내놓는 일이다. 끊임없이 발전했던 기업들은 살아남았고, 앞으로도 발전하는 기업들은 살아남을 것이다. 당연하게도 발전하지 못했던 수많은 기업이 사라졌고, 앞으로 발전에 실패한다면 사라질 가능성이 크다.

초기 닷컴기업은 '검색'이라는 영역을 더 성장시키지 않고 주저했다. 사실 대부분 닷컴기업은 사람들에게 검색이라는 서비스를 제공해주는 일로 시작했다. 예를 들어, MP3닷컴은 사람들이 각종 MP3파일을 찾아볼 수 있도록, 신발닷컴은 사람들이 신발에 대한 정보를 찾아볼 수 있도록, 아마존은 사람들이 서적에 대한 정보와 주문을 온라인에서 처리할 수 있도록 도왔다. 그러나 이들 중 살아남은 기업은 아마존뿐이다. 아마존만이 검색이라는 영역을 더 연구하고 성장시켰고, 전문적인 검색서비스로 매출을 올릴 수 있었다. 그렇게 또다시 높아진 매출로 서비스를 개선시키자 사람들의 관심과 만족도가 높아졌다. 인터넷을 기반으로 한 검색서비스에서 온라인 상거래, 엔터테인먼트, SNS, 메신저 분야까지 확장한 IT기업은 아무런 실질가치를 갖지 못했던 예전과 달리 엄청난 가치를 지닌 기업으로 성장했다.

현재 암호화폐 시장도 이와 비슷한 양상을 띠고 있다. 비트코인, 대시, 모네로, 라이트코인 등의 암호화폐 기업들도 결제시스템이라는 영역에서 주저하고 있었다. 최근에 들어서야 블록체인을 활용한 다양한 dAPP과 확장 응용 플랫폼이 출현하기 시작했다. 블록체인을 기반으로 한 거래시스템에서 스마트 계약을 활용한 고차원적인 거래와 dAPP을 활용한 다양한 신용서비스까지 암호화폐 기업들은 새로운 아이디어를 내놓고 이를 기존 산업과 연결하기 위해 최선의 노력을 다하고 있다. 블록체인 기술이 인터넷처럼 제대로 활용되면, 그 안에 세계경제포럼에서 말하는 1만 조 경제가 담기는 것도 불가능하지 않다.

닷컴버블 시절을 살아온 이들에게 '다시 닷컴버블 때로 돌아간다면 어떤 기업에 투자할 것인가?'라고 물어보면 대답은 둘 중 하나다. 하나는 '여유자금이 있다면 유망한 닷컴기업인 아마존, 구글, 이베이 등을 발견해 미리 투자해서 20년 이상 묵혀둘 것'이다. 다른 하나는 '닷컴버블이 끝난 것이 확실해진 직후에 투자를 하겠다'는 대답이다. 닷컴버블을 지나온 사람들은 그때 아무 주식을 샀던 행동은 잘못된 행동이라고 말한다. 닷컴버블 때는 내가 고른 기업이 구글, 아마존, 네이버가 될지 확신할 수 없으며, 닷컴버블 이후에 투자해도 절대로 늦지 않았을 것이기 때문이다. 이번 암호화폐버블도 비슷하지 않을까? 우리가 2030년에서 2017~2018년으로 돌아온다면 암호화폐 투자에 대해 2가지를 이야기할 것이다. 여유자금이 있다면 유망한 암호화폐 기업에 투자를 해서 오랜 시간 묵혀두거나, 암호화폐버블이 끝난 직후에 투자를 시작해야 한다고 말이다. 거대한 암호화폐버블이 형성되고 붕괴되면 결국 몇 몇 암호화폐가 선택될 것이고, 선택된 암호화폐에 대해 충분히 검증된 자료를 바탕으로 투자를 시작하면 되기 때문이다.

닷컴버블 붕괴를 분석해본 우리에게 살아남을 암호화폐를 찾는 일이란 매우 간단한 일일 수도 있다. 닷컴버블 때 많은 기업들이 탄생하고, 대단한 시가총액을 형성했어도 그게 얼마나 의미 없는 일인지 확실하게 안다. 결국 살아남은 닷컴기업은 인터넷 본질과 장점을 최대한 활용해 각종 산업에 접목시켜 실질적인 가치를 만들어냈다. 구글은 검색과 광고를 바탕으로, 아마존은 검색과 전자상거래를 바탕으로 시작해 끊임없는 혁신과 발전을 통해 성장했고 시장을 잠식했다. 앞으로 살아남을 암호화폐 기업은 블록체인의 본질과 장점을 최대한 활용해 각종 산업에 접목시켜 실질가치를 만들어내는 기업이다. 결국 블록체인(인터넷)이라는 기술의 출발, 자유로운 결제(검색)라는 아이디어에서 확장해 무궁무진한 상상력을 발휘하고 실제 상업적으로 사용되는 암호화폐만 살아남을 것이다.

현존하는 모든 암호화폐는 실질가치 없이 거래되던 닷컴버블 때 닷컴기업과 너무나 닮아있다. 그러나 닷컴버블이 실질적인 매출과 이윤을 남기는 인터넷 기업의 등장으로 붕괴되었듯이, 암호화폐버블도 실질적인 가치를 지니는 암호화폐 등장으로 붕괴될

수 있다. 그리고 수익구조와 실질가치를 지니지 못하는 암호화폐
와 스캠코인은 모두 사라지고, 암호화폐 중에서 끊임없는 혁신과
사업능력으로 사람들의 선택을 받는 것만이 과도기를 깨고 화려
하게 부활하게 된다. 살아남을 1%의 암호화폐는 살아남고 싶어
발버둥 치는 그래서 끊임없이 이용가치가 확장되는 암호화폐다.
그리고 이러한 암호화폐를 필자는 '블록체인판 암호화폐'라고 정
의한다.

블록체인을 위한 암호화폐

어떤 암호화폐가 살아남을지 오랜 시간 고민하면서 새로운 분
류방법의 필요성을 느꼈다. 현존하는 분류방법으로는 필요한 암
호화폐와 필요하지 않은 암호화폐가 뒤섞여있어 사람들에게 혼
란을 줄 수 있기 때문이다. 게다가 사람들이 암호화폐 가격의 변
동성과 버블현상에 자꾸 현혹되니, 이런 유혹에서 조금이라도 벗
어날 수 있는 효과적인 분류방법이 필요하다고 느꼈다. 이런 문
제점을 바탕으로 필요성과 쓰임의 관점에서 현존하는 암호화폐
를 철저하게 분석했고, 암호화폐를 '블록체인판'에 있는 암호화폐
와 '암호화폐판'에 있는 암호화폐로 분류했다.

블록체인판 암호화폐Cryptocurrency for Blockchain란 암호화폐 없이는
그 블록체인이 굴러가지 않는 암호화폐를 말한다. 블록체인판 코

인Coin for Blockchain은 튼튼하고 우수한 블록체인을 유지하기 위해 블록체인을 검증해주는 대가로 채굴자에게 지불되는 암호화폐다. 독자적으로 개발한 블록체인을 확장성, 익명성, 보안성 측면에서 개선하고 더 많은 이용자들을 끌어들이기 위해 보상체계로 암호화폐를 발행한다.

블록체인판 토큰Token for Blockchain은 플랫폼이 먼저 나오고 추후에 자체 블록체인을 개발해 플랫폼에 알맞은 블록체인을 갖추는 토큰이다. dAPP이 우수하고 경제적이며 상품성을 지니기 때문에 경쟁력을 지닌다. 이렇듯 블록체인판에 있는 암호화폐(코인과 토큰)는 독자적으로 개발된 블록체인 혹은 dAPP 플랫폼이 먼저 출시되었고, 이것의 성공적인 운영을 위해서 꼭 필요한 존재다.

반대로, 암호화폐판 암호화폐Cryptocurrency for Cryptocurrency는 말 그대로 '암호화폐가 필요해서 만든 암호화폐'다. 암호화폐판 코인Coin for Cryptocurrency은 코인을 만들기 위해 다른 블록체인을 베끼거나 약간 수정해 만들어진다. 왜 이 코인이 필요한지 설명되지 않고 블록체인을 믿을 수도 없는 코인이다. 암호화폐판 토큰Token for Cryptocurrency은 플랫폼이 만들어지지도 않고 플랫폼에 대한 구체적이 구상이 없는 데도 암호화폐가 먼저 튀어나와 전혀 사용되지 않는 토큰이다. 플랫폼을 만드는 노력이 없거나, 현실성이 떨어지거나, 스캠일 가능성이 있다면 이는 암호화폐를 위한 암호화폐다. 즉, 암호화폐가 필요하지도 않고 기술을 제대로 개발할 능력도 없는데 불쑥 튀어나온 경우가 암호화폐판 암호화폐라고 볼 수 있다.

블록체인판 암호화폐의 대표는 비트코인 블록체인과 비트코인이다. 블록체인은 중앙 집중 방식에서 탈피하여 분산화를 통해 권력집중을 나누고, 모든 정보를 해킹으로부터 지켜 위조와 변조를 불가능하게 만드는 시스템이라고 했다. 이 시스템을 운영하기 위해선 온라인에 공개된 블록을 누군가 검증해야 했고 그 검증 과정에는 비용이 들어간다. 이 블록을 검증하는 채굴과정의 보상이 비트코인이다. 블록체인이 안전해질수록 가격이 높아지고, 가격이 높아지면 더 많은 채굴자가 참여해 블록체인을 더욱 안전하게 만드는 건설적인 암호화폐다. 비트코인 블록체인은 비트코인 없이 돌아갈 수 없으며 비트코인 없는 비트코인 시스템은 있을 수 없다.

블록체인판의 또 다른 암호화폐는 이더리움이다. 이더리움도 블록체인이기 때문에 분산화된 채굴 시스템을 기초로 하고, 블록체인을 산업 전반에 적용하기 위한 dAPP을 만들기 위해 모든 언어를 지원하는 플랫폼이다. 즉, 이더리움의 블록체인을 사용하고 싶고 이더리움 플랫폼을 쓰고 싶어서 이더리움의 채굴 보상인 암호화폐 이더리움을 사람들이 가치 있게 여기는 것이다. 현재 이더리움을 쓰는 이유는 dAPP을 만들거나, ICO를 진행하거나, 이더리움으로 결제하기 위함에 있다. 이더리움의 실질가치는 아직 모르지만, 블록체인이 독자적이고 개발 중이며, 쓰임이 있다는 관점에서 블록체인판 암호화폐다. 이더리움 또한 이더리움 코인이 없는 이더리움 플랫폼은 상상할 수 없다.

암호화폐판의 암호화폐 대표는 아이코노미Iconomi다. 아이코노미는 디지털 자산관리 플랫폼으로 암호화폐 금융시장에서 손실을 줄여주고 투자조언과 전문 자산관리 매니지먼트를 통해 수익을 극대화시켜주는 서비스를 제공한다. 아이코노미는 암호화폐 시장상황을 나타내는 인덱스INDEX를 제공해 사람들이 각각의 포트폴리오에 간접 투자하고, 암호화폐 투자를 통해 나온 수익금을 아이코노미 토큰을 소각하는 데 사용한다.

수익이 늘어날수록 더 많은 아이코노미 토큰을 소멸시켜 공급을 줄이고 가격을 올린다는 주장이다. 실제로 아이코노미 투자실적이 좋아져 대량의 아이코노미 토큰을 소각하면, 그 가치가 일시적으로 상승할 수는 있다. 그러나 아이코노미는 토큰 없이도 운영될 수 있으며 오히려 지분투자나 직접적인 펀드가 적합한 형태라는 비판이 우세하다. 게다가 아이코노미 투자실적과 소각량을 정확하게 알 수 있는 방법이 존재하지 않는다. 따라서 이는 암호화폐를 위한 암호화폐이며 인덱스 서비스를 제공하는 데 상징적인 역할을 하도록 발행되었다고 볼 수 있다.

또한 암호화폐를 위한 암호화폐는 여행 관련 토큰에서도 발견할 수 있다. 예를 들어, 투킹tooking.io은 여행 관련 암호화폐로 결제, 평가, 정보전달과 공유 등에 활용된다. 이 암호화폐로 미래에는 호텔서비스를 이용할 수도 있고, 미국 달러와 교환할 수도 있으며, 호텔 예약도 진행할 수 있다고 이야기한다. 그러나 여행 관련 플랫폼에서 이 투킹을 굳이 사용해야 하는 이유가 전혀 설명되지 않는다.

현재 많이 사용하는 부킹닷컴, 익스피디아, 호텔스닷컴 그리고 그와 연결된 수많은 숙박업소가 법정화폐 대신 투킹토큰을 사용할 이유는 전혀 없다. 왜 법정화폐 대신 이 암호화폐를 써야 하고, 왜 이 암호화폐에 가치가 생기고, 누가 보증해주는지 알 수 없기 때문에 쓰이지 않을 것이다. 투킹은 암호화폐를 만들어서 매매하고, 블록체인이라는 콘셉트를 이용하고 싶어 만들어진 암호화폐판 암호화폐의 전형적인 예다.

블록체인판과 암호화폐판을 나누는 기준은 4가지다. 블록체인의 독자성과 경쟁력, 암호화폐의 필요성과 사용처다. 암호화폐가 필요해서 탄생했고, 사용처가 있다면 블록체인판 암호화폐다. 그리고 암호화폐의 핵심 엔진 블록체인이 독자적으로 개발되어야 하고 또 꾸준한 개발로 경쟁력을 지녀야 한다. 만약 이 중 하나라도 해당되지 않는다면 암호화폐판 암호화폐라고 정의내릴 수 있다.

암호화폐판 암호화폐는 필요하지 않은데 만들어진 경우다. 비판적으로 생각했을 때 필요하지 않은데 만들었다면 스캠일 가능성도 다분하다. 필요하지 않은데 암호화폐를 만들어 판다면 가치 없는 것을 파는 사기행위다. 냉정하게 생각하면 우리 삶에 '암호화폐'가 필요하지는 않다. 오히려 '블록체인'이 필요하다. 블록체인을 쓰기 위해 암호화폐가 등장해야지, 암호화폐가 필요해서 혹은 암호화폐로 결제하고 싶어서 등장한다고 생각해서는 안 된다.

앞으로 미래에 살아남을 암호화폐는 바로 블록체인판 암호화폐다. 블록체인판 암호화폐만이 끊임없이 더 나은 블록체인을 개발하고 영역 확장을 통해 암호화폐가 필요한 그리고 쓰이는 범위를 넓혀나갈 수 있기 때문이다. 암호화폐를 쓸 수 있는 범위가 넓어질 가능성이 큰 블록체인 암호화폐만이 생존할 이유가 있다. 반대로 암호화폐판 암호화폐는 모두 신기루에, 굳이 필요 없고, 스캠코인으로 분류될 가능성이 크다.

필요하지 않은 암호화폐를 가치가 있다고 생각해 구입한다면 멍청하거나 순진한 거다. 인터넷에서 다양하게 결제하는 시스템을 암호화폐로 대체하면 편한 이유는 있지만 꼭 대체해야 할 충분한 이유는 없다. 블록체인이 가치가 있어서 쓰임이 있는 암호화폐를 제외한 나머지 암호화폐는 냉정하게 관심주지 않아도 괜찮다.

현존하는 암호화폐 중 누가 살아남을지 확인하려면 우선 암호화폐 기업이 '블록체인과 플랫폼'을 앞세우는지 아니면 '암호화폐 존재와 사용'을 앞세우는지 확인해야 한다. 두 번째로 '암호화폐가 없으면 운영되지 않는지'를 판단해야 한다. 만약 블록체인이 우수하고 암호화폐가 필요하다면 그 암호화폐는 블록체인을 이용하기 위한 가치를 지니고 살아남을 가능성이 다분하다. 그러나 블록체인이 애매하거나 필요성이 불명확하면 그 암호화폐는 말

그대로 쓸모없다. 필요한 암호화폐만 골라도 살아남을지 불확실한 상황에서 필요하지도 않은 암호화폐는 가격이 오르더라도 가차 없이 버려야 한다.

- 주식에 투자하기 위해 기업을 연구하는 것처럼 암호화폐에 투자하려면 암호화폐에 대한 심도 있는 조사와 분석이 동반되어야 한다.

- 닷컴버블을 이겨내고 살아남아 성공을 이룬 기업은 제대로 된 비전, 기술력, 사업적인 역량이 준비되어 있었기 때문이다.

- 변화, 노력, 혁신을 거듭하는 기업이 살아남은 것처럼, 암호화폐도 꾸준한 경쟁력을 갖춰나가지 못하면 살아남아도 성공하지 못한다.

- 닷컴버블을 겪은 이들은 암호화폐버블이 꺼진 뒤에 투자해도 늦지 않는다고 생각한다.

- 좋은 암호화폐를 발굴하고 싶다면, 블록체인판 암호화폐를 분류하는 것이 우선이다.

- 모든 암호화폐는 블록체인판 암호화폐와 암호화폐판 암호화폐로 분류할 수 있다. 블록체인판 암호화폐는 블록체인 기술, 플랫폼에 꼭 필요한 암호화폐이며, 암호화폐판 암호화폐는 암호화폐 그 자체를 앞세워 필요성과 유용성이 결여된 암호화폐를 말한다. 블록체인의 독자성, 경쟁력, 필요성과 사용처가 모두 만족되어야 '블록체인판 암호화폐'라고 말할 수 있다.

- 기존 산업의 서비스를 암호화폐로 결제하기 위해 암호화폐를 발행한다면 이것은 의도했든 안 했든 사기이며 실패할 것이다. 이런 암호화폐를 암호화폐판 암호화폐라고 부른다.

02

암호화폐 1세기 종말, 2세기의 시작

블록체인판 암호화폐만 고르라고 말하면 '암호화폐판 암호화폐도 큰 수익을 안겨줬고 시가총액도 높은데 왜 이것을 쳐다보면 안 되냐'고 의문을 품는 사람들이 있다. 실제로 지금까지 거의 모든 암호화폐 가격은 높아졌고 여전히 그 움직임을 지키고 있다. 그러나 지금까지는 암호화폐 1세기였기 때문에 가능한 현상이다. 암호화폐 1세기는 인간으로 치면 유아기다. 갓 태어난 자식이 초등학생으로 성장하는 데 강한 규제를 하고 포기해버리는 부모는 거의 없다. 부모는 보통 태어난 자식이 어떻게 성장하는지 지켜보고 응원한다. 그러나 자식이 사춘기에 접어들면 이야기는 달라진다. 부모는 자식에게 엄격해지고 세상물정을 조금씩 알려줘야 한다. 이 시기를 필자는 '암호화폐 2세기'라고 부른다.

암호화폐 1세기는 암호화폐 탄생과 성장의 시기다. 다양한 암호화폐가 탄생하고 새로운 아이디어가 시도되는 혁신과 개발의 시기다. 2009년 비트코인을 시작으로 라이트코인, 대시, 모네로, 이더리움, 네오 그리고 무수한 토큰까지 수많은 암호화폐가 세상에 등장했다. 그리고 각각의 암호화폐는 서로 다른 목적, 비전, 아이디어로 사람들에게 알려졌다. 2015년 7월 이더리움 등장을 계기로 블록체인이 비트코인처럼 결제수단을 넘어선 확장 응용 플랫폼으로 사용될 수 있다는 아이디어가 등장했다. 이어 ICO라는 자금조달방식이 탄생했고 토큰의 등장으로 확장 응용 플랫폼을 바탕으로 한 dAPP까지 등장했다. 그리고 각각의 dAPP은 서로 다른 분야에 시도되며 1만 개가 넘는 암호화폐가 출시됐다.

암호화폐 1세기에서는 암호화폐를 거래하는 방법도 다양해졌다. 현물거래Spot Trading에서, 마진거래Margin Trading, 차익거래Arbitrage Trading, 선물거래Future Trading 그리고 자동거래Auto Trading까지 다양성이 생겼다. 암호화폐 거래소의 개수와 종류도 많아졌으며, 투자자의 수와 국적도 다양했다. 전 세계적으로 400개가 넘는 암호화폐 거래소가 생겨났고, 수천만 명의 인구가 암호화폐를 구입하기 시작했다. 더 나아가 암호화폐 시장을 활성화시키기 위한 다양한 결제플랫폼과 지갑서비스 그리고 암호화폐 컨설팅기업까지 나타날 정도로 시장에 새로운 아이디어가 넘쳐났다.

그러나 이런 무분별한 찬사와 지지는 2017년 암호화폐버블을 기준으로 무너지기 시작했다. 12월 암호화폐버블 붕괴로 많은 피해자들이 생겼고, 피해자들의 불평불만을 시작으로 암호화폐 시

어떤 암호화폐가 살아남을 것인가

장에 대한 강한 검증이 요구됐다. 온라인에 ICO를 검증하고 암호화폐를 분석하는 웹사이트, 스캠코인을 검증하는 웹사이트 등 암호화폐를 자체적으로 판별하려는 커뮤니티가 생겨났다. 게다가 피해자의 호소를 바탕으로 정부와 기관도 암호화폐 시장에 대한 규제를 본격적으로 연구하기 시작했다. 그리고 무엇보다 시장에서도 단순히 투자하는 게 아니라 암호화폐를 공부하려는 움직임이 나타났다.

암호화폐에 대한 의심과 검증이 시작되었기에 암호화폐 1세기는 비트코인 탄생을 시작으로 이어지다 2017년 암호화폐버블을 기준으로 끝났다고 본다. 우리도 이제는 암호화폐라는 자식을 무조건 오냐오냐해주는 부모님이 되어서는 안 된다. 암호화폐가 잘못 크고 있다고 생각되면 따끔하게 혼내고 합당한 벌을 줘야 한다. 암호화폐 2세기는 암호화폐의 창조와 지원보다 판별과 검증에 집중하는 시기다.

이번 2017년 암호화폐버블을 기준으로 투자자들은 무턱대고 암호화폐를 구입하면 안 된다는 사실을 인지하기 시작했다. 게다가 최근에 일어난 비트커넥트, 센트라, 아인슈타이늄 등의 사건을 계기로 암호화폐 시장에 불신의 바람이 불기 시작했다. 시장에서 거래되는 암호화폐가 실제로 개발되고 운영되는지 판별하고, 실질적인 사용가치를 지니는지 검증해야 한다.

우연히도 2018년은 매우 중요한 시기다. 대부분 토큰이 백서에 약속한 개발계획에 대한 본격적인 성과를 보여줘야 하기 때문이다. 2016년부터 2017년 사이에 수십조 원의 돈을 투자받은 암호화폐 기업들은 로드맵에 약속한 첫 번째 혹은 두 번째 발전사항을 시장에 공개해야 한다. 예를 들어, 섭스트레텀Substratum이라는 암호화폐는 2018년 초에 섭스트레텀 블록체인의 노드와 셉스트레텀 스토어를 출시하며, 2018년 중순에 섭스트레텀 페이를 만들어 온라인에서 암호화폐를 자유롭게 사용할 수 있도록 지원한다고 약속했다. 익명성을 강조한 암호화폐 버지Verge코인도 2017년 말부터 계속 미루고 있는 버지 블록체인의 핵심적인 프로토콜인 레이스Wraith를 약속대로 출시해야 한다. 만약 이를 출시하지 않거나 지연한다면 시장은 코인을 의심하고 외면할 가능성이 크다. 추후 만들어내면 그때 평가하겠다는 움직임이다.

또한 암호화폐 2세기 핵심은 정부의 규제 움직임이라고 볼 수 있다. 정부는 본질적으로 분산화된 블록체인을 바탕으로 만들어진 암호화폐를 직접 규제할 수 없다. 그러나 정부는 암호화폐 시장의 과열현상과 무분별한 투자를 막기 위해 소비자보호법과 유사수신법을 적용해 투자자의 피해를 최소화시키려고 노력하고 있다. 게다가 정부는 암호화폐에 직접 매스를 대지 않고 거래소를 통해 간접적으로 시장을 수술할 가능성이 크다. 암호화폐 거래소에 대한 기준을 높이고, 암호화폐 거래소가 자신의 서비스에 전적으로 책임지게 함으로써 더 냉정하고 차분한 암호화폐 시장을 유도할 것이다. 지금까지 있었던 암호화폐 도박장이나 무법지대가 점점 모양을 갖춘다는 말이다.

그렇기에 암호화폐 2세기는 새로운 암호화폐가 창조되는 것보다 기존 암호화폐를 판별하고 사라지게 할 것이다. 그리고 이 작업은 암호화폐 커뮤니티가 주도적으로 수행하지만 각국의 정부도 부분적으로 나설 가능성이 크다. 수백, 수천 개 암호화폐가 스캠코인이나 미완성으로 판별되어 규제를 받고 사라지게 될 것이다. 이렇게 현존하는 암호화폐가 사라지는 2세기는 새롭게 탄생할 암호화폐 역사상 최악의 버블을 기점으로 암호화폐 3세기로 넘어가게 된다. 암호화폐 2세기 마지막 버블의 형성과 붕괴는 실물경제와 연결된다. 실질적인 가치를 지니는 암호화폐가 탄생했을 때 시장의 거품이 붕괴되고 새로운 국면에 접어든다는 것이다.

마지막 초대형 버블붕괴로 시작되는 암호화폐 3세기는 탄생과 검열의 시기를 지나 상용화 시기가 된다. 암호화폐 1세기에서는 암호화폐와 블록체인에 대한 수많은 아이디어와 시도들이 탄생했다. 2세기에는 그 아이디어를 직접 검증하고 정리하다 실질 가치를 지니는 암호화폐의 등장으로 쓸모없는 아이디어가 사라진다. 3세기에는 암호화폐 시장의 안정기와 정상화를 거쳐 블록체인과 파생된 암호화폐가 실질적인 가치를 지니고 다양한 산업과 연결되는 상용화 시기가 찾아올 가능성이 크다. 가격에 거품이 사라지고, 쓸 만한 아이디어들이 남았으니 똑똑한 기업과 기관이 블록체인을 암호화폐로 지불하며 사용하는 것이다.

2018년, 암호화폐 2세기가 시작되었다. 수많은 암호화폐가 탈락하고, 정말 가치 있는 아이디어만이 채택되어 암호화폐 3세기에서 사용될 것이다. 그렇다면 암호화폐 투자자가 해야 하는 행동은 1세기처럼 무분별하게 투자하는 것이 아니라, 탈락과 스캠코인을 피해 암호화폐 3세기에서 제대로 활용될 화폐를 발굴하고 투자하는 일이다. 이렇게 3세기까지 살아남는 암호화폐는 현존하는 IT기업 아마존, 구글, 이베이 만큼이나 엄청난 가치를 지닐 수 있다. 암호화폐 투기가 끝나고 본격적인 블록체인판이 만들어지기 때문이다. 이때가 세계경제포럼이 말한 '1만 조 세계경제가 블록체인에 담기는 시기'일 가능성이 제일 크다. 1만 조를 가장 많이 담아낼 블록체인 그리고 그에 사용될 암호화폐를 발견하는 자가 암호화폐버블의 최대 수혜자다.

어떤 암호화폐가 살아남을 것인가

- 암호화폐 1세기는 다양한 관련 아이디어가 탄생하고 각광받는 시기다.

- 암호화폐 2세기는 탄생한 아이디어를 검증하고 블록체인판 암호화폐를 판별하는 시기다.

- 암호화폐 3세기는 블록체인판 암호화폐 중에서 상업적인 가치와 실질가치를 지니는지 정확히 계산하고 본격적으로 사회와 융합하는 시기다.

- 각각의 세기를 넘어가는 단계에서 인식의 변화에 따른 버블 형성은 피할 수 없는 현상이다.

- 2017년 겨울, 버블을 기준으로 암호화폐 2세기에 돌입했으며 본격적으로 수많은 암호화폐가 하나둘씩 사라지는 현상을 직접 보고 경험할 수 있다.

03

블록체인판 암호화폐를 찾는
4가지 키워드

우리는 현재 암호화폐 2세기 초입에 들어섰다. 이제 1세기에 겪었던 경험과 고정관념을 훌훌 털어버리고 암호화폐 2세기와 다가오는 암호화폐 3세기를 마주할 시간이다. 부모의 관점으로 자식이 사춘기를 잘 보내고 사회에 도움 되는 성인으로 성장할 수 있도록 도와야 한다.

암호화폐 2세기는 다시 말하지만 암호화폐를 판별하고 검증하는 시기다. 판별한다는 것은 '블록체인판 암호화폐'와 '암호화폐판 암호화폐'를 구분하는 과정이다. 검증한다는 것은 블록체인판 암호화폐가 실제로 상업적인 사용가치, 실질가치를 지니는지 시장에서 검증해보는 일을 말한다. 만약 그렇게 판별한 암호화폐가 블록체인판 암호화폐라면, 시장에서 검증해 그 가치를 측정해나가야 한다. 앞으로 2세기 동안 암호화폐를 꾸준히 판별하고 검증

어떤 암호화폐가 살아남을 것인가

한다면 실제로 가치를 지닌 암호화폐만 남게 될 것이다. 이 판별과 검증과정을 빨리 할수록 암호화폐의 실질가치가 형성되고, 어떤 블록체인과 암호화폐가 살아남을지 미리 알 수 있다.

첫 번째 키워드, 블록체인과 암호화폐의 필요성

블록체인판 암호화폐와 암호화폐판 암호화폐를 구별하는 첫 번째 기준은 '필요성'을 따지는 일이다. 이 블록체인이 정말 필요하고, 가치 있고, 경쟁력을 지니는지 그리고 암호화폐가 꼭 필요한지 판별해야 한다. '블록체인이 가치 있다'는 말은 블록체인 그 자체 혹은 블록체인으로부터 파생된 dAPP이 쓸모 있다는 의미다. 따라서 블록체인 혹은 dAPP을 먼저 평가한 다음에 암호화폐의 필요성을 판단해야 한다. 암호화폐 중에서 코인의 필요성을 판단하는 방법은 다음과 같다.

우선 코인의 블록체인을 판단해야 한다. 블록체인의 우수성이 판단되고 나면 그 코인의 가치나 필요성이 결정된다. 블록체인을 판단하는 방법은 목적과 독자성, 익명성, 신뢰성, 확장성을 판단하는 일이다. 블록체인 그 자체 혹은 블록체인을 활용하기 위한 방안을 살펴보려면 암호화폐 백서를 읽는 것이 가장 정확하다. 백서는 블록체인을 어떻게 설계하고 암호화폐를 어떻게 활용할 것인지를 설명하는 하나의 사업계획서다.

블록체인의 목적이란 블록체인을 설계하고 운영해야 하는 이유를 말한다. 블록체인은 하나의 네트워크에서 일어난 거래정보를 암호화해 구성원들끼리 공유하는 디지털상의 분산된 장부다. 이 때문에 어떤 거래정보를 암호화해 구성원들끼리 공유하고 검증하려고 하는지 알아야 한다. 비트코인, 라이트코인, 대시, 모네로 같은 경우에는 결제기록을 암호화해 구성원들끼리 공유하고 검증한다. 이더리움, 네오, 퀀텀과 같은 확장 응용 플랫폼은 결제기록뿐만 아니라 스마트 계약의 체결내역까지 구성원들끼리 공유하고 검증한다. 각각의 블록체인은 목적에 알맞게 설계되어 있고, 실제로도 설계되어야 한다. 결제수단을 위한 블록체인, 스마트 계약을 위한 블록체인, dAPP을 위한 블록체인은 그 구조가 다르기 때문이다.

블록체인이 어떤 목적으로 어떻게 구성됐는지를 알았다면, 독자성에 대해서도 알아야 한다. 블록체인의 독자성은 독자적인 블록체인 설계 유무를 살피는 일이다. 독자적인 블록체인은 다른 블록체인 코드를 가져와 그대로 베끼는 것이 아니라 자체적인 블록체인을 설계하는 것이다. 독자성이 중요한 이유는 혹시 모를 상황(버그 등)이 발생했을 시 블록체인을 유연하게 변화·발전시킬 수 있어야 하기 때문이다. 예를 들어, 같은 결제수단인 비트코인과 대시는 서로 다른 설계를 지닌다. 비트코인은 채굴되고, 채굴량은 채굴자에게 100% 돌아간다. 또한 비트코인 네트워크를 업데이트(포크)하는 것과 관련된 결정권을 채굴자들이 갖는다. 비트

어떤 암호화폐가 살아남을 것인가

코인 개발자가 개발계획을 세우면 채굴자가 개발대로 진행할지 안 할지를 결정한다는 말이다. 비트코인은 익명성을 지니고 있지만 모든 거래내역이 사람들에게 공개된다는 점과 확장성의 측면에서 채굴자들의 이해관계가 얽혀 스마트 계약 추가 등의 급진적인 확장은 불가능한 특징을 지닌다.

반면, 대시는 채굴량의 45%가 채굴자에게 돌아간다. 대신 나머지 45%는 대량 보유자에게 가며, 또 나머지 10%는 개발진의 개발비로 축적된다. 대신 개발비는 꾸준히 축적되다가 개발진이 비용을 써야 하는 이유를 커뮤니티에 발표하면 보유자가 이를 투표해 자금을 허락한다. 이로써 채굴자, 보유자, 개발진이 공평하게 커뮤니티 운영방향을 결정한다. 또한 대시는 확장성에 있어서 투표를 거쳐야 한다는 특성을 지니지만, 속도가 빠르고, 익명성이 지켜지며, 거래내역을 비밀스럽게 할 수 있다는 점에서 프라이버시도 지켜진다.

독자성을 지닌다는 말은 각각의 목적에 알맞은 특성을 서로 다른 컴퓨터 코드로 설계했다는 의미다. 그리고 그 코드를 유지하고 보수하는 사람들이 어떤 방식으로 블록체인의 개발을 결정하는지를 말한다. 독자성이 강할수록 경쟁력이 좋고 확장성이 높은 블록체인이라 말할 수 있다. 블록체인의 익명성이란 거래정보를 어디까지 공개하는가에 달려있다. 예를 들어, 비트코인은 보낸 자와 받는 자가 암호화되어 익명성을 지니지만, 얼마만큼의 비트코인을 언제 어떻게 보냈는가는 완벽하게 드러난다. 반면, 모네로나 지케시는 스텔스Stealth 기능을 사용해 누가 누구에게 돈을 보냈는지부터 얼마만큼의 암호화폐를 보냈는지 완벽하게 감춘다. 모든 거래내역을 해시함수를 활용해 암호화하기 때문이다. 이 때문에 익명성과 프라이버시를 강조하고 싶은 사람이라면 비트코인보다 모네로를 사용할 가능성이 크다.

블록체인의 신뢰성은 누가 이 블록체인을 인증하고 유지해주는가에 달려있다. 퍼블릭 블록체인은 블록체인에 대한 접근이 누구나에게 열려 있어 공공성을 지닌다. 비트코인, 라이트코인, 대시, 모네로 등이 이에 해당한다. 이런 블록체인은 사용자가 많아지면 많아질수록 그리고 선의의 참여자가 많아지면 많아질수록 신뢰성이 강력해지는 특징을 지닌다. 반면, 프라이빗 블록체인은 블록체인의 접근이 정해진 대상에게만 있어 공공성이 떨어진다. 리플, 비트코인 캐시, 비트코인 골드 등이 대표적이다. 비트코인 캐시는 총 5개 대형 채굴업체가 경쟁적으로 채굴을 진행한다. 비트코인 골드도 정해진 11개 채굴업체가 경쟁적으로 채굴을 진행한다. 그러나 수백만 명의 사람 중에서 반 이상이 네트워크를 배신하는 확률보다 소수의 사람들이 배신할 확률이 높기 때문에 퍼블릭 블록체인보다 프라이빗 블록체인이 신뢰도가 더 낮다.

마지막은 확장성이다. 확장성은 블록체인에 얼마나 다양한 거래내역을 담을 수 있는가의 문제다. 예를 들어, 비트코인은 거래내역만 담을 수 있다. 이는 비트코인이 거래내역 이외에는 담지 못한다는 것이 아니다. 비트코인의 채굴자들이 화폐기능에 집중하기 위해 확장성에 반대했기 때문이다. 반대로 이더리움은 거래내역에 스마트 계약을 활용한 다양한 디지털상의 거래도 담을 수 있다. 물건과 물건과의 거래, 화폐와 물건과의 거래, 혹은 계약과 계약과의 거래도 이더리움 블록체인에는 담을 수 있다. 최근 들어 확장성을 발전한 사례로는 비트코인 캐시가 있다. 비트코인 캐시는 거래내역이 많아질수록 거래를 처리하지 못하는 비트코인의 문제점을 지적하며 탄생했다. 현재 개선된 처리과정에 더하여 스마트 계약을 블록체인에 담기 위한 노력이 진행되고 있다. 확장성이 블록체인에서 중요한 이유는 더 다양한 거래내역을 담을수록 블록체인을 이용할 이유가 많아지고 유일한 처리·결제수단인 암호화폐의 가치가 오르기 때문이다. 이 때문에 같은 확장 응용 플랫폼을 통해 스마트 계약과 dAPP을 지원하는 이더리움, 퀀텀, 네오 등이 각각 지원하는 언어와 방식을 경쟁적으로 채택하고 있다. 이더리움은 자체 언어인 솔리디티와 구글 GO를 활용하는 반면, 퀀텀은 C++, 네오는 Java 등을 추가적으로 지원한다. 얼마큼의 다양성을 확보해 확장 가능한가도 블록체인의 가치를 판별하는 중요한 요소가 된다.

그럼 이러한 블록체인에서 암호화폐가 필요한 경우는 언제일까? 기본적으로 블록체인에서 암호화폐가 필요한 경우는 퍼블릭 블록체인의 경우다. 퍼블릭 블록체인을 안전하게 운용하기 위해서는 더 많은 채굴자들이 채굴에 참여해 거래내역을 안전하게 기록하고 검증해야 한다. 그리고 그에 대한 보상인 암호화폐가 많아질수록 그 암호화폐와 블록체인 가치는 서로 높아지게 된다. 그러나 모든 프라이빗 블록체인이 암호화폐가 필요하지 않은 건 아니다. 리플, 비트코인 캐시 등은 블록체인과 암호화폐 그 자체가 상품인 경우가 많다. 리플은 블록체인을 활용한 종합금융플랫폼을 만들려고 하는데, 외환거래의 신속, 정확함을 제공하기 위해선 리플의 빠른 송금과 유동성을 통한 효율적인 결제시스템이 필요하다. 비트코인 캐시도 마찬가지다. 비트코인 캐시는 비트코인 코어의 채굴자가 많아 확장성에 문제가 생기니 트렌드에 맞게 업데이트하기 위해 프라이빗 블록체인을 출시한 것이다. 쓸 만한 블록체인은 믿을 수 있고, 더 많은 거래내역이 기록되며, 익명성과 프라이버시, 빠른 속도를 제공해 사람들이 불안해하지 않고 유용하게 사용할 수 있다. 이런 블록체인을 기반으로 결제하거나 스마트 계약하고 싶은 사람들이 암호화폐를 구입하고 목적에 알맞게 사용하는 것이다.

암호화폐 중에서 토큰의 필요성을 판단하는 방법은 코인과 사뭇 다르다. 토큰의 필요성은 코인보다 높지 않아서 그 자체보다는 사용처인 dAPP을 보고 판단해야 한다. dAPP이 제공하려는 서비스가 뭔지, 왜 토큰을 만들었는지, 그리고 결과적으로 자체 블록체인을 개발할 의향이 있는지가 명확해야 한다. dAPP은 휴대폰으로 치면 아이폰 iOS, 구글 안드로이드 등의 운영체제에서 작동되는 카카오톡 같은 애플리케이션이다. 토큰은 이런 애플리케이션에 한해 소비되는 지불수단이다. 이 때문에 좋은 dAPP을 만

어떤 암호화폐가 살아남을 것인가

든다는 것은 카카오톡, 유튜브와 같은 애플리케이션을 개발한다는 말이다. 토큰은 카카오톡에서 현재 사용하는 카카오머니나 초코 그리고 유튜브에서 사용하는 캐시와 같은 지불수단일 뿐이다.

　유용한 토큰은 사람들이 많이 사용할 dAPP에서 소비되는 암호화폐다. 예를 들어, 음악을 듣기 위해 멜론이라는 애플리케이션을 사용하고 있다. 일정량의 서비스를 법정화폐로 지불하고 사용한다. 그런데 만약 블록뮤직이라는 새로운 음악 dAPP이 등장한다면 당신은 사용할 것인가? 대다수는 새로 출시된 블록뮤직이라는 플랫폼보다는 멜론을 그대로 사용할 가능성이 높다. 멜론은 이미 콘텐츠와 서비스가 충분히 자리잡혀있고 사용자가 많아 합리적이고 안정적인 가격이 책정되어있기 때문이다. 그러나 블록뮤직에는 고객이 원하는 콘텐츠가 있는지 불명확하고 서비스 이용 방법도 새로 배워야 하며 토큰 가격의 변동성으로 불확실성이 높기 때문에 사용을 꺼릴 것이다. 만약 블록뮤직이라는 플랫폼이 혁신적이고 편리하며 합리적인 결제시스템을 지녀 사람들의 주목을 받는다면 블록뮤직의 고유 토큰은 유용하게 쓰일지도 모른다. 토큰을 구입해 음악을 듣거나 플랫폼을 쓰고 싶은 지인에게 토큰을 판매할 수도 있다. 그러나 블록뮤직이 사람들의 선택을 받지 못한다면 고유 토큰은 유용하지 않고, 쓸모도 없을 것이다.

　dAPP과 토큰을 어렵게 생각하지 않았으면 한다. 블록체인, 스마트 계약을 접목한 dAPP과 멜론 같은 기존 애플리케이션의 차이는 결제방법에 있다. dAPP에서는 토큰으로 지불하고, 멜론에서는 기존 법정화폐나 신용카드로 지불한다. 토큰은 그 자체로 의미 있는 무엇인가가 아닌 그저 dAPP 서비스를 지불하기 위한 도구일 뿐이다. 이 때문에 메신저, 투표서비스, 동영상 플랫폼, 게임 플랫폼 등을 dAPP화한다고 해서 열광할 필요가 전혀 없다. 우리가 판단해야 하는 것은 'dAPP이 얼마나 잘 만들어지는가' 그리고 'dAPP의 유일한 지불수단이 토큰인가' 뿐이다.

고려해야 할 또 다른 요소는 dAPP이 토큰을 발행하는 목적이다. 이는 오로지 dAPP을 개발하기 위한 자금이나 사용자를 모으기 위해서여야 한다. 또한 자체 토큰을 발행하지 않고는 플랫폼이 운영되지 않는가도 생각해보아야 한다. 대부분 토큰회사는 확장 응용 플랫폼의 블록체인을 이용한다. 카카오톡이 서비스를 제공하기 위해 iOS나 안드로이드를 개발하지 않는 것처럼, dAPP 기업이 자체 블록체인을 개발할 필요는 없다. 사실 dAPP 기업이 dAPP의 지불수단으로 이용하고 있는 비트코인, 이더리움, 네오 등을 사용해도 상관없다. 자체 토큰을 발행해 운영할 필요성으로는 앞서 말했듯이 dAPP의 유일한 지불수단을 고유 토큰으로 한정하거나, dAPP 성능에 알맞은 자체 블록체인을 만들고 토큰을 코인으로 변환할 때뿐이다. 따라서 좋은 토큰을 발견하기 위해서는 dAPP 완성도와 서비스 가치를 평가해야 한다.

만약 A플랫폼에서는 10만 명의 사람들이 월 10만 원 값어치의 토큰을 소비하고, B플랫폼에서는 100만 명의 사람들이 월 20만 원 값어치의 토큰을 소비한다면 B플랫폼의 토큰 가치가 높은

어떤 암호화폐가 살아남을 것인가

것이 당연하다. 더 많은 이용자와 더 많은 소비를 부추기는 서비스를 제공하고 있기 때문이다. 토큰이 필요성에 따라 만들어지고 가치를 지니는 가장 좋은 예는 바이낸스다. 바이낸스는 ERC20을 활용해 이더리움 토큰으로 출시됐지만, 2018년 3월 바이낸스 자체 블록체인 개발을 통해 기존 토큰을 바이낸스 블록체인으로 옮기는 1:1 스와프 과정을 거쳤다. 바이낸스가 이더리움 양식을 버리고 자체 블록체인을 만든 이유는 수수료를 절감하고 트래픽이 높은 바이낸스 플랫폼에 적합한 장부처리 기법을 적용하기 위함이다. 그리고 바이낸스는 바이낸스 토큰을 플랫폼의 결정적인 지불수단으로 자리매김시키기 위해 신규 서비스를 도입하는 등 사업적인 노력을 다하고 있다. 이처럼 자체 블록체인을 개발하고 독자성을 지니는 것이 아니라면, 토큰을 발행한 회사는 이를 필요에 따라 발행했다고 당당하게 말할 수 없을 것이다.

정리하자면, 코인의 경우에는 블록체인을 구체적으로 살펴보는 것이 중요하다. 블록체인이 어떻게 설계됐는지, 어떤 참여자들이 존재하는지, 확장성은 있는지 그리고 앞으로 꾸준히 개발될 수 있는 구조적인 조건을 지녔는지를 판단해야 한다. 현재까지 비트코인과 이더리움을 비교하면, 비트코인은 결제수단과 가치의 저장수단Store of Value으로 사용되고 이더리움은 그 이상의 가치를 지니게 될 가능성이 크다. 확장성이 다르기 때문이다. 그리고 토큰의 경우는 플랫폼의 우수성과 유효성 그리고 필요성을 판단해야 한다.

dAPP을 왜 만들었는지 그리고 독자적으로 운영될 계획이 있는지를 판단하는 것이 중요하다. 좋은 블록체인에는 좋은 암호화폐가 필요하다. 잘 만들어지고 독립적인 dAPP에도 토큰이 필요하다. 살아남을 암호화폐는 블록체인 운영에 꼭 필요해 만들어진 블록체인판 암호화폐뿐이다.

두 번째 키워드, 블록체인 개발진의 기술력

블록체인판 암호화폐는 당연히 뛰어난 블록체인 기술력과 상상력을 바탕으로 개발돼야 한다. 사람들은 늘 더 나은 블록체인이 없나 찾아보기 때문에 블록체인도 경쟁에서 살아남아야 이긴다. 한번 만들어졌다고 멈추면 안 되고 끊임없이 발전하고 개발해야 최종적으로 살아남을 수 있다. 훌륭한 인재가 있어야만 블록체인판 암호화폐가 개발될 수 있다. 따라서 블록체인판 암호화폐를 판별하려면 암호화폐 기업의 팀 구성을 구체적으로 살펴봐야 한다.

현재 세계적으로 각광받고 있는 비트코인은 창시자가 누군지 정확히 밝혀지지 않았다. 하지만 비트코인 코어를 끊임없이 개발하고 더 나은 결제수단으로 발전시키는 지미 송 외 11명의 개발자는 세상에 공개돼 있다. 이들은 어떻게 하면 비트코인이 암호화폐 생태계에서 더 중요한 기축통화 및 안전자산으로 사용될지 끊임없이 연구하는 개발자다. 이더리움도 거의 모든 개발자가 밝혀져 있다. 이더리움은 창시자인 비탈릭 부테린을 시작으로 제프리 윌크, 칼 플로이스 등의 핵심 개발자가 투명하게 공개돼 있다. 이들의 기술력은 이미 만들어진 플랫폼에서도 드러나지만, 블록체인이라는 누구도 개척하지 못한 분야를 연구하고 만들어낼 역량이 충분하다는 것을 증명한 사람들이다.

블록체인판의 기술자가 될 수 있는 사람은 적어도 다음과 같은 역량을 지녀야 한다. 블록체인의 실체를 만들어낼 수 있는 사람은 기본적으로 컴퓨터 프로그래밍과 알고리즘에 능숙한 사람이어야 한다. 그리고 깃허브에 올라와 있는 블록체인을 충분히 이해하고 연구해서 더 나은 블록체인으로 설계할 수 있는 사람이어야 한다. 그러기 위해서는 컴퓨터와 보안에 대한 충분한 지식을 지니고, 플랫폼 경제에 대한 충분한 이해가 있어야 한다. 그렇지 않다면 블록체인의 완성도가 떨어지거나 경쟁력이 떨어질 수 있다. 게다가 자체적인 블록체인을 개발하려는 토큰기업이라면, 토큰과 dAPP에 알맞은 블록체인을 맞춤 제작할 수 있어야 한다. 현재까지 블록체인판 개발자인지 알아보는 방법은 단 한 가지밖에 없다. 만들 시간과 기회를 주고, 성과를 바탕으로 평가하는 일이다.

앞서 말했지만, 고급 블록체인 기술자는 극소수며 이들은 이미 유명한 기업이 스카우트했거나 독자적인 컨설팅 기업을 운영하고 있다. 블록체인을 가르쳐주는 대학도 없고, 강좌도 존재하지 않기 때문에 신규 인재의 구조적인 양성은 어렵다. 게다가 블록체인은 갑자기 튀어나온 신기술이기 때문에 누가 누구에게 가르칠 만큼 내용적으로 완성도가 높은 분야가 아니다. 이미 나온 코드를 바탕으로 배우고 상상해야 하기 때문에 블록체인판은 누가 더 많이, 열심히 그리고 제대로 공부하는가가 개발자의 능력을 좌지우지한다. 블록체인판 기술자를 한 번에 판단할 수 있는 방법이 없으니, 제대로 된 방법은 블록체인 개발진들이 내놓은 기술적 백서와 프로토타입 그리고 깃허브에 올라온 개발코드를 보는 것이 가장 확실하다. 기술적 백서에는 블록체인을 어떻게 발전시킬 것인지 혹은 어떤 자체적인 블록체인을 개발해 어떤 거래 내역을 담을 것인지 정리돼 있다. 이는 블록체인에 대한 이해가 없다면 타당성을 확인할 수 있는 별다른 방도가 없다. 또한 깃허브에 올라온 코드도 마찬가지다. 코드는 영문으로 작성된 포로토콜이며, 이에 대한 토론도 영문으로 이뤄지기 때문에 영어에 능숙한 개발자가 아니라면 평가하기 어렵다. 일반인에게 유용한 방법은 기업의 프로토타입을 평가하는 일이다. 프로토타입을 직접 이용해보고 좋은지 아닌지를 판단하면 된다. 우리가 카카오톡을 써봤는데 편하고 성장가능성이 있다면 카카오톡 주식을 구입하는 것과 같다.

블록체인판 암호화폐는 끊임없이 개발되는 블록체인을 지녀야 경쟁력이 있다. 이런 경쟁력을 만들어줄 인재가 블록체인 기업에 있는지 꼭 확인해야 한다. 분명 자랑할 만한 기술자라면 이더리

어떤 암호화폐가 살아남을 것인가

움과 이오스처럼 회사가 이곳저곳에 사진과 이름을 들먹이며 설명하고 있을 것이다.

세 번째 키워드, 블록체인 기업 운영자금의 투명성

블록체인은 근본적으로 투명성에 근거한 기술이다. 블록체인이 등장한 배경도 정보를 조작하거나 해킹으로 인해 변조될 가능성을 없애기 위해서다. 블록체인 이용자가 모두 원본을 소유하고 이 원본을 비교하면서 오류를 잡아내기에 투명하고 결점 없는 결과를 지닌다. 그러나 현재 블록체인 시장에서는 아이러니하게도 투명성이 많이 결여되어 있다. 사기꾼들은 자신들의 성과를 떳떳하게 내세우지 못하기 때문이다. 정말 제대로 된 블록체인판 암호화폐라면 운영·개발 관련 모든 정보가 투명하게 공개된다. 투명하게 공개하는 기업만이 제대로 된 블록체인을 개발하고 가치 있는 암호화폐를 만든다고 판단하면 된다.

투명성의 첫 번째 근거로는 블록체인 오픈소스코드가 들어있는 깃허브다. 블록체인 개발 현황을 깃허브에 공개한다면 개발이 실제로 이뤄지고 있음을 증명하는 것이다. 또한 깃허브에서는 이 블록체인을 개발하는 사람과 이용하는 사람, 아이디어를 교환하는 사람까지 다양한 사람들이 모여서 토론을 한다. 깃허브는 주로 블록체인 개발자 혹은 스마트 계약을 개발하는 프로그래머들이 활동하는 공간이기 때문에 기술적인 분석과 조언이 오간다. 제대로 개발되고 있는 블록체인판 암호화폐라면 사람들이 생산적인 소통을 진행한 흔적이 많이 보인다. 반대로 제대로 개발되고 있지 못한 암호화폐판 암호화폐라면 개발이 전혀 진행되지 않거나 투명하게 소통되지 않는다. 깃허브에서 암호화폐 개발의 투명성과 진위여부를 확인할 수 있다.

두 번째는 블록체인과 암호화폐의 구상이 담긴 백서와 웹사이트다. 백서는 어떤 문제를 해결하기 위해서 블록체인을 활용하고, 블록체인에 활용될 암호화폐를 왜 발행하는지 설명하는 사업계획서다. 모든 블록체인판 암호화폐는 백서에 프로젝트의 구상과 아이디어 그리고 사람들이 가질 만한 모든 궁금증이 자세히 나와 있다. 그래서 제대로 된 블록체인판 암호화폐라면 백서 하나만 읽어도 모든 것이 이해된다. 왜 dAPP을 만들고 어떻게 개발할 것이며 어떤 결과를 가져오는지 설명하기 때문이다. 웹사이트는 회사가 얼마나 많은 소통을 하려는지 보여준다. 웹사이트에서 주의 깊게 볼 내용은 코인의 이름과 가격이 아닌, 암호화폐에 대한 새로운 뉴스와 공지사항 그리고 Q&A다. 사람들의 궁금증을 얼마만큼 투명하게 해소해주는가가 핵심이다.

세 번째는 거래 현황에 대해 쉽게 알아볼 수 있는 암호화폐 트레커Cryptocurrency Tracker다. 제대로 된 암호화폐 기업은 소수의 사람들이 비밀리에 많은 암호화폐를 지니고 있으면 블록체인 생태계에 악영향을 미칠 수도 있다는 사실을 충분히 인지하고 있다. 예를

어떤 암호화폐가 살아남을 것인가

들어, 어떤 사람이 암호화폐로 시세조작하거나 POS시스템일 경우에 플랫폼에 악영향을 주는 방향으로 투표권을 행사할 수 있기 때문이다. 그렇기에 제대로 된 블록체인이라면 암호화폐 분산이 어떻게 이뤄졌는지 그리고 어떤 거래가 이뤄지고 있는지를 완벽하게 공개한다. 그리고 단순히 공개하는 것에서 멈추지 않고 사람들이 보기 편하게 구성한다. 비트코인, 이더리움, 네오, 퀀텀과 이로부터 파생된 토큰들이 그러하다.

네 번째로 자금운영에 대한 투명성을 지녀야 한다. 자금운용은 암호화폐 기업이 미리 채굴한 암호화폐를 마음대로 처분하거나, 시세조작에 이용하거나, 백서에 약속한 내용과 다르게 이해관계자에게 송금하는 등의 일을 말한다. 제대로 된 암호화폐 기업이라면 자금운용에 제약을 지녀야 한다. 예를 들어, 대시는 암호화폐를 수억 원 이상 보유한 마스터 노드라는 사람들이 대시팀의 운영자금을 결정한다. 인건비, 개발비, 홍보비용 등을 커뮤니티가 함께 정한다. 코봇_{Korbot}플랫폼은 회사가 보유한 토큰의 공급과정과 소멸과정, 수익금과 재무재표를 SNS에 공개한다. 정해진 토큰을 얼마에 시장에 팔았는지, 투자금액은 어디에 사용됐는지를 커뮤니티에게 알리며 투명하게 자금을 운용한다.

마지막은 개발팀에 대한 투명성이다. 개발팀이 존재하는지, 어떤 업무를 하는지, 실질적인 약력이 어떻게 되는지, 무엇보다 거짓말을 하지 않는지 등 확인돼야 한다. 최근에 일어난 일로 지퍼_{Zipper}라는 업체가 ICO로 수백억 원을 모금 받았는데 공동 대표의 약력이 거짓이었다는 뉴스가 올라왔다. 사람들이 플랫폼의 가능성을 보고 투자했을 테니 투자와는 큰 관련이 없었겠지만, 사소한 것에도 민감한 투자자는 암호화폐 기업을 불신하고 투자금 환불을 요구하기도 했다. 거짓말 한 번이 어렵지, 두세 번 더 하는 것은 어렵지 않다. 유독 진실성에 민감한 암호화폐 시장에서 약력을 위조하거나 실존하지 않는 개발진을 소개한다면, 그 암호화폐는 미움 받을 수밖에 없다.

또한 파트너십의 투명성도 중요하다. 암호화폐 시장에는 전문가가 없고 블록체인 개발자도 극소수다. 그래서 서로 도움을 주고받고 협력하는 일이 굉장히 중요하다. 게다가 암호화폐도 사업이다. 더 많은 산업과 연결돼야 한다. 우리가 살아남을 암호화폐를 보려면 쓸데없는 파트너십보다는 실질적인 가능성을 보이는 파트너십을 발견하고 그 사실관계를 증명하는 것이 중요하다. 예를 들어, 비트코인 다이아몬드는 비트고라는 지갑보안업체와 파트너십을 맺었다고 주장했다. 그러나 실질적으로 파트너십이 없었다는 비트고의 해명으로 비트코인 다이아몬드는 현재 시장에서 스캠코인이라는 주장에 더욱 힘이 실리고 있는 상황이다. 반면, 왈튼코인은 개발한 물류추적 시스템으로 실제 의류업체와 파트너십을 맺고 테스트를 진행하고 있다. 기업 규모가 크든 작든, 파트너십을 맺었다면 진짜인지 그리고 얼마나 실효성이 있는지를 판단해야 할 것이다.

어떤 암호화폐가 살아남을 것인가

네 번째 키워드, 블록체인과 암호화폐 커뮤니티

좋은 암호화폐는 좋은 블록체인을 지닌다. 그리고 좋은 블록체인은 그에 열광하는 커뮤니티가 존재한다. 커뮤니티는 블록체인의 암호화폐를 이용하고 싶은 사람들이기 때문에 커뮤니티의 유무는 매우 중요하다. 앞서 말했지만 암호화폐는 플랫폼이다. 플랫폼의 핵심은 이용자 수다. 더 많은 이용자를 지니는 블록체인일수록 가치가 높고 안전하게 운영된다. 상호 감시자가 더 많고 참여자가 늘어나 실질가치가 만들어질 수 있기 때문이다.

비트코인은 전 세계 거의 모든 암호화폐 이용자가 커뮤니티다. 비트코인을 믿기 때문에 비트코인을 바탕으로 암호화폐 투자를 감행한다. 또 커뮤니티가 강력한 암호화폐는 이더리움과 이오스다. 이더리움과 이오스는 재단으로 운영되지만, 커뮤니티가 자체적으로 다양한 국가에서 그룹을 형성하고 네트워킹을 한다. 예를 들어, 대한민국이더리움재단에서는 이더리움에 대한 다양한 밋업을 개최하고 창시자인 비탈릭도 초청해 강연회를 연다. 이더리움의 커뮤니티는 너무나 강력해 대한민국이더리움연구소, 이더리움 개발진모임 등 다양한 산하 조직들이 자체적으로 형성된다.

이오스도 EOS코리아가 출범해 전 빗썸 대표가 대표직을 맡아 대한민국에 EOS라는 블록체인과 암호화폐를 적극적으로 홍보하고 있다. 이렇듯 좋은 암호화폐와 블록체인은 커뮤니티가 자체적으로 형성돼 그 암호화폐의 미래를 함께 만들어나간다. 블록체인이 분산화된 조직을 꿈꾸듯 커뮤니티도 중앙집권적인 형태가 아니라 분산화된 형태로 만들어진다. 블록체인판 암호화폐는 열심히 개발에만 몰두해도 자발적으로 커뮤니티가 형성돼 인위적으로 밋업을 개최하지 않아도 더 많은 사람들에게 알려진다.

블록체인판 암호화폐는 필요에 의해 탄생됐기 때문에 암호화폐 발행 자체가 목적이 아니다. 분산된 장부시스템에 대한 아이디어와 기술력이 블록체인 기술을 앞당기고 해당 암호화폐의 가치를 높인다. 그러나 블록체인이 뛰어나다고 암호화폐 가치가 높아지는 것은 아니다. 이더리움 블록체인이 비트코인보다 완성도가 높지만, 시가총액은 더 강한 커뮤니티를 보유한 비트코인이 높다. 암호화폐 가치를 판단하는 것은 또 다른 시장과 산업이며, 블록체인은 언젠가 채택될 미래를 위해 끊임없이 개발되어야 하는 주체다.

블록체인판 암호화폐의 검증작업

블록체인판 암호화폐가 판별됐다면, 암호화폐가 살아남는 마지막 단계는 검증작업이다. 검증작업은 암호화폐의 실질가치가 얼마일지 끊임없이 확인하는 과정이다. 뛰어난 블록체인을 바탕으로 한 암호화폐라고 해도 사람들의 선택을 받지 못하고 실질적인 산업과의 연결고리를 만들어내지 못하면 실패한다. 이 때문에

어떤 암호화폐가 살아남을 것인가

암호화폐 검증작업은 커뮤니티 내부보다 밖에서 일어날 가능성이 크다. 커뮤니티가 암호화폐의 가치를 계속 평가한다면 현재까지 일어난 일과 별반 다르지 않을 것이다. 암호화폐의 실질가치는 "사람보다 일을 잘하면 고릴라도 쓴다"는 말처럼 실질적인 산업 종사자가 블록체인 기술을 암호화폐로 지불하며 이용할 때 생겨난다.

앞으로 시간이 더 지나면서 블록체인 기술이 안정적인 개발 단계까지 도달했을 때, 기업 중에서 이더리움, 메디블록, 왈튼체인 그리고 리플과 같은 암호화폐를 실제로 이용하려는 움직임을 보일 가능성이 크다. 예를 들어, 기업은 이더리움의 스마트 계약을 활용한 자체 dAPP을 출시해, 기업과 고객들 간의 신뢰관계 형성에 활용할 수 있다. 즉, 멜론이 자체적인 블록체인을 개발할 수도 있지만, 이미 만들어진 이더리움 혹은 앞으로 만들어질 카카오 블록체인을 활용해 음악을 스트리밍하고 다운하는 dAPP을 출시할 수도 있다. 멜론은 지금까지 음악 콘텐츠 제작와의 수익배분 문제에 있어 많은 비판을 받아왔다. 공정하지 못한 수익배분 과정 때문에 제작자의 수익이 줄었다는 이야기다. 그러나 멜론의 운영비와 계약체결비용 등을 고려했을 때 마냥 비판할 수 있는 문제는 아니다. 멜론이 블록체인과 스마트 계약을 이용해 운영비와 계약비용을 획기적으로 줄일 수 있다면 dAPP 도입을 적극적으로 추진할 것이다. 그러나 멜론이 블록체인을 이용할 충분한 경제적 인센티브가 없다면 이더리움을 활용하는 것은 물론 dAPP

화도 무산될 것이다.

메디블록Medibloc도 마찬가지다. 지금까지 의료기록은 A병원, B병원 등 그리고 각각의 웨어러블 디바이스에 따라 기록돼 혼란을 겪어왔다. 메디블록의 블록체인기반 개인의료정보 관리 애플리케이션이 출시되면 흩어진 개인의료기록을 본인의 스마트폰에 암호화된 정보로 담아두고 관리할 수 있다. 흩어진 의료정보가 한 곳에서 안전하게 활용될 수 있다면, 병원은 의료기록을 보관하고 관리하는 비용을 줄이고 개인은 자신의 의료정보를 관리할 수 있게 된다. 그럼 환자들의 불편함은 줄고 환자와 병원 간 혹은 병원과 병원 간의 유기적인 협력이 가능해진다. 현재까지 전자문서화된 의료기록은 서면 기록과 달리 법적으로 인정되지 않지만, 메디블록상의 의료정보는 그 자체가 원본이기에 법적인 신뢰성을 더해줄 수 있다. 기본 의료기록을 보관하고 활용하던 방식보다 메디블록을 활용했을 때 훨씬 편리하고 비용이 절감된다면, 환자와 병원은 메디블록 플랫폼을 적극적으로 이용하기 시작할 것이다.

왈튼체인Walton의 검증과정도 비슷하다. 왈튼체인은 신용카드 등에 사용되는 전자라벨RFID과 블록체인 기술을 접목해 유통업체에 변화를 일으키려는 블록체인 기업이다. 왈튼체인은 자체적으로 개발한 블록체인에서 RFID칩을 부착한 모든 물건들의 정보를 값싸고 정확하게 처리해낼 수 있다. 이 때문에 왈튼체인의 물류정보 처리 시스템은 백화점, 소매점, 제조업 그리고 택배 등 유통

어떤 암호화폐가 살아남을 것인가

업에서 널리 사용될 수 있다. 만약 백화점이 왈튼체인을 사용한다면 지금까지 직접 관리하던 물류정보를 블록체인에서 간단하고 정확하게 처리한 후 비용만 왈튼코인으로 지불하면 된다. 유통업에서도 어떤 물건을 어떻게 전달했는가를 암호화폐 형태로 처리하면 더욱 값싸고 빠르게 처리할 수 있다. 배달사고도 방지할 수 있다. 유통업체가 왈튼체인을 활용할 만한 경제적인 이점이 있다고 판단하면 말이다.

마지막으로 리플도 마찬가지다. 리플은 편리한 국제 이체 서비스 시스템이다. 비유하자면 은행의 계좌이체, 페이팔, 토스, 카카오페이처럼 이체업무를 진행하는 데 범국제적으로 통용 가능한 핀테크 일종이다. 블록체인을 기반으로 한 리플의 프로토콜을 활용하면 기존에 짧게는 2~3일 그리고 길게는 몇 주가 걸렸던 해외송금업무를 단 몇 초 만에 끝낼 수 있다. 이 때문에 은행이나 대형 기업이 리플 서비스를 사용하게 되면 기존에 사용하던 SWIFT시스템의 송금불량과 느린 송금속도 그리고 높은 수수료를 해결할 수 있다. 이미 수차례의 검증을 거치고 있다. 대형 은행과 기업이 사용하게 된다면 유학업무를 처리하고 싶은 고객부터 해외 기업과의 계약 등을 위한 대형송금업무를 진행할 수 있다. 리플투자자 SBI홀딩스의 회장은 "리플을 사용하면 은행이 해외송금비용의 60%를 절약할 수 있다"고 했다. 리플이 실제로 사용되려면 은행과 기업 혹은 개인의 선택을 받아야 한다. 고객이 리플을 믿을 수 있고, 서비스가 경제적이며 편하다고 생각해야 한다.

검증작업은 이론상으로 해결되는 문제가 아니다. 실제로 블록체인을 이용하기 위해 암호화폐를 소비하는 사람이 생겨났을 때 비로소 검증이 시작된다. 한 기업이 블록체인을 이용하기로 결정하고 블록체인의 이용료인 암호화폐를 구입해 사용하면, 그 암호화폐는 실질적인 가치를 지니게 된다. 그 실질적인 가치란 맨 처음 사용자가 갖는 경제적인 비용절약이 기준이 될 것이다. 이 블록체인을 사용했더니 100억 원 비용을 절감했다면 그 블록체인은 그만큼 혹은 그 이상의 가치를 갖게 된다. 그러나 기존 시스템에 비해 사용 가치가 전혀 없다면 블록체인은 채택되지 않을 것이다. 산업과 기업이 블록체인과 암호화폐를 되도록 편하고 값싸게 이용할 수 있도록 돕는 것이 암호화폐(블록체인) 기업이 해결해야 하는 과제다.

인터넷이 생겨났을 때나 정보통신기술이 발달되기 시작했을 때도 마찬가지였다. 사람들은 인터넷 초기에 왜 컴퓨터를 구입하고 마이크로소프트를 설치해 회사 문서들을 기록해야 하는지 이해하지 못했다. 컴퓨터와 워드를 배워야 했고, 프린터에 연결해 프린트해야 했으며 문서의 보관방법까지 배워야 했다. 이러한 번거로움이 대수롭지 않을 만큼 정보통신기술은 우리 삶에 긍정적 변화를 주었다. 우리는 컴퓨터와 인터넷 등의 정보통신기술을 조금씩 사용하기 시작했다. 그리고 어느 순간 인터넷과 컴퓨터를 사용하지 않는 사람과 기업은 바보로 여겨지기 시작했다. 쥐도 새도 모르게 신기술은 우리 삶에 녹아들었다.

　블록체인과 암호화폐 상용화도 이 같은 과정을 겪을 것이다. 초대형 버블이 붕괴되면 암호화폐판 암호화폐가 걸러지고, 냉정한 평가를 받고, 블록체인과 암호화폐는 우리 삶에 자연스레 스며들게 될 것이다. 신용카드, 스마트폰, 카카오톡의 등장도 다르지 않았다. 오늘날 대한민국은 현금을 쓰는 문화에서 신용카드를 사용하는 문화로 완전히 탈바꿈했다. 삼성의 애니콜을 사용하던 문화에서 아이폰과 삼성폰을 사용하는 문화로 바뀌었다. 문자메시지와 전화를 사용하던 시절에서 불과 몇 년 만에 카카오톡과 보이스톡을 사용하게 됐다. 안전하고 쓰임이 있다는 것이 증명됐을 때, 그리고 이것이 경제적인 혜택도 준다는 게 증명됐을 때, 블록체인과 암호화폐는 상용화되기 시작해 서서히 세상에 스며들 것이다.

- 블록체인과 암호화폐의 우수성과 필요성이 증명돼야 한다. 다른 암호화폐를 베끼거나, 필요없는 데 발행한 경우 가차 없이 버려야 한다.

- 블록체인 개발진의 기술력을 증명할 수 있어야 한다. 플랫폼과 개발코드를 공개할 수 있어야 한다.

- 블록체인 기업의 운영자금이 투명해야 한다. 블록체인판은 무신뢰 사회다. 신뢰를 안 한다는 말이 아니라, 모든 정보가 공개됐으니 신뢰할 필요가 없다. 하나하나 뜯어볼 수 있다는 의미다.

- 블록체인과 암호화폐 커뮤니티가 활성화돼 있어야 한다. 좋은 암호화폐는 좋은 블록체인과 플랫폼이 있고 이에 열광하는 커뮤니티가 있어야 한다. 좋게 포장해도 뒷받침하는 커뮤니티가 없다면 무용지물이다.

- 검증은 이론적으로 해결되는 것이 아닌 실행과 결과로부터 해결된다. 어느 정도 진행된 프로젝트의 실제 운영상황과 실질가치를 판단기준으로 삼고, 이것이 우수해야 성공한 것으로 평가할 수 있다.

- 검증 작업이 있어야만 실제 사회와 블록체인 서비스가 밀접하게 연결되고, 암호화폐를 지불해 서비스를 이용하는 경험과 문화가 대중들 사이에서 자리 잡을 수 있다.

04

살아남을 암호화폐 5

디지털 금

암호화폐 3세기에도 찾아볼 수 있는 첫 번째 암호화폐는 당연히 비트코인BTC이다. 비트코인은 첫 번째 암호화폐이자 모든 암호화폐의 가치저장수단으로 미래에도 자리 잡을 가능성이 크다. 비트코인이 살아남을 가장 큰 이유는 암호화폐 중에서 가치저장수단으로써 가장 합리적이고 단단하게 설계되어 있기 때문이다. 비트코인의 등장을 과장해서 말하자면 디지털 금Digital Gold이 나타났다고 말해도 될 정도로 경제학적으로 그리고 컴퓨터 과학적으로 혁신적이다.

비트코인은 2,100BTC만 채굴되도록 설계돼 있고 이 중 많은 부분이 채굴돼 세상에 뿌려져 있다. 채굴을 통해 발행되는 비트코인 양은 4년마다 절반으로 줄어들고, 신규 비트코인 생성은 2040년이면 완전히 종료된다. 종료 후 비트코인의 발행은 채굴 시 수수료로 발생된다. 이 때문에 비트코인은 2,100만 개라는 일정한 공급량과 희소가치를 지니고 있다. 사람들이 보유하는 비트코인은 모두 비트코인 네트워크에 투명하게 공개되고, 절대로 위조와 변조가 되지 않아 안전성이 보장된다. 그리고 모든 암호화폐처럼 전 세계 어디에 있든 누구든 원하는 만큼 비트코인을 송금할 수 있다. 대한민국에 있는 부모님이 300억 원을 미국에 있는 아들에게 보내고 싶으면 10분 안에 보낼 수 있다는 말이다.

또한 모든 비트코인은 금화와 같이 게임이론에 따라 가치를 평가하게 되며, 시장 참여자가 비트코인 가치를 얼마로 보는가에 따라 가치가 측정된다. 비트코인은 상품이 아닌 가치저장수단으로서의 기능을 더 많이 지니기 때문이다. 수천 년 동안 인류가 지켜온 금은 전 세계 수많은 상인들이 소유한 자산을 저장하는 일종의 수단이었다. 금은 일정량만 존재하고 그 가치가 1,000년이 지나도 변하지 않기 때문에 사람들은 금을 믿고 자산으로 보관했다. 금이 가치수단으로 채택된 이유는 내구성, 휴대성, 대체성, 검증성, 가분성, 희소성과 더불어 오랜 역사를 지녔기 때문이다. 내구성은 썩거나 쉽게 부서지지 않는 성질을 말한다. 휴대성은 이동 및 보관이 쉬워서 분신이나 도난으로부터 지킬 수 있고 장거리 교역에도 사용할 수 있는 성질이다. 대체성은 다른 것과 동일한 양으로 교체할 수 있음을 의미한다. 검증성은 신속하게 식

어떤 암호화폐가 살아남을 것인가

별하고 검증할 수 있는 것이며, 가분성은 쉽게 나눠지는 성질이다. 희소성은 위조가 불가능하고 진귀해야 하는 점을 말한다. 마지막으로 오랜 시간 동안 가치 있다고 여겨지는 것 그래서 대체하기 어려운 것이다.

비트코인은 우선 훌륭한 내구성을 지니고 있다. 비트코인은 채굴자의 51% 이상이 악의를 품지 않았다면 플랫폼 파괴로 인한 블록체인 붕괴 가능성은 없다. 현재 비트코인을 채굴하기 위해 모은 컴퓨터 연산력을 동원하려면 슈퍼컴퓨터 수만 대 혹은 퀀텀컴퓨터의 등장이 있어야 하는데, 현실적으로 불가능하다. 게다가 퀀텀컴퓨터가 등장하기 전에 비트코인 블록체인에 퀀텀컴퓨터 해킹방지 코드를 입히면 되기 때문에 비트코인 블록체인은 거의 해킹이 불가하다고 볼 수 있다.

비트코인은 휴대성도 뛰어나다. 사실 비트코인은 인간이 사용해온 가치저장수단 중에서 가장 휴대성이 좋다. 수천억 원의 비트코인 개인키Private Key를 USB에 담아 저장할 수 있으며, 어디든 쉽게 지니고 다닐 수 있다. 또한 아무리 많은 금액이라도 지구 반대편에 있는 사람에게 전송이 가능하다. 비트코인은 휴대성 측면에서 금보다 뛰어난 가치저장수단이다. 대부분의 금괴는 서류상으로만 옮겨지며, 실제로 움직이려면 엄청난 검열과 검증절차 그리고 운송수단을 이용해야 한다.

비트코인은 네트워크 수준에서 모든 거래에 사용될 수 있으니 대체성도 뛰어나다. 비트코인과 실물을 거래하기 위해서는 비트코인을 보내고 물건을 받으면 된다. 비트코인과 다른 암호화폐와의 거래도 마찬가지다. 비트코인을 보내고 다른 암호화폐를 받으면 모든 내역이 블록체인에 저장되기 때문에 안전하다. 또한 사람들은 비트코인이 익명거래라 추적이 어렵다고 하지만 모든 거래는 블록체인에 저장되기에 추적 가능하고, 경찰도 비트코인 추적방법을 확실히 알기에 안전하게 대처할 수 있다.

검증성도 뛰어나다. 법정화폐와 금은 진위 여부를 확인하기 어렵다. 수많은 위조화폐가 시중에 유통되고 있는 상황이고, 금도 다른 금속과 섞어 중량을 속이면 순도를 확실히 알 수 없다. 그러나 블록체인상에 나타나는 모든 비트코인은 원본 그 자체다. 비트코인은 복사본이나 위조본이 없다. 이 때문에 비트코인 소유자는 자신의 비트코인을 공개적으로 검증 가능하며, 소유권을 완벽히 증명할 수 있다.

가분성도 금보다 한 수 위다. 금도 분명히 많은 단위로 쪼갤 수 있지만, 쪼갠 것을 실제로 사용하는 데는 어려움이 있다. 그러나 비트코인은 1억분의 1까지 나눌 수 있으며 극소량도 전송이 가능하다. 비트코인이 1억 원이 되고 10억 원이 되더라도 편하게 사용할 수 있다는 점에서 비트코인의 가분성은 법정화폐나 금보다 낫다.

게다가 비트코인은 금과 법정화폐보다 희소성 측면에서도 훌륭하다. 금은 채굴기술이 좋아질수록 많이 채굴되고, 새로운 금광의 발견은 금의 총 공급량을 늘린다. 법정화폐는 정부가 원하는 만큼 찍어낼 수 있어 전형적인 인플레이션 화폐로 시간이 지날수록 가치가 떨어진다. 그러나 비트코인은 정해진 공급량에 따라 제공되기 때문에 갑자기 공급이 늘어나는 일은 절대없다.

마지막으로 비트코인은 모든 암호화폐 중에서 가장 오랜 역사를 지니고 있다. 비트코인 금, 법정화폐와 비교하면 짧은 역사를 가졌다. 하지만 시장에서 많은 시행착오를 겪어왔으며 암호화폐 시장의 기축통화로 사용되는 만큼 가치 있는 자산으로써 존속할 가능성이 크다. 게다가 비트코인은 더 오래 살아남으면 살아남을수록 가치가 오르는 '린디효과Lindy Effect'를 갖는다. 현재 인터넷이 없어진다고 아무도 생각하지 않는 것처럼, 비트코인도 수십 년이 지나면 사라질 것이라 여기는 사람 수도 점점 줄어들 것이다.

비트코인은 금과 같은 가치저장수단으로 이용될 수 있는 모든 조건을 지니고 있으며, 오히려 제3자의 인증이 필요 없다는 관점에서 훨씬 우월하다. 게다가 암호화폐 시장은 비트코인을 이미 가치저장수단으로 이용하기 시작했다. 암호화폐 시장이 전체적으로 하락장을 겪을 때 비트코인의 지위는 훨씬 더 강조된다. 암호화폐 시장의 버블이 붕괴되면, 비트코인의 시장점유율은 급격하게 상승한다. 사람들이 다른 암호화폐보다 비트코인을 보유하는 게 훨씬 낫다고 판단하는 것이다. 이는 이미 수많은 암호화폐 종사자들이 비트코인을 활용하고 있고, 비트코인 채굴자와 네트워크를 믿기 때문에 벌어지는 결과다. 예를 들어, 최근에 급격한 인플레이션을 겪은 짐바브웨에서는 한때 다른 국가보다 비트코인의 가격이 70% 이상 높았다. 작년 10월 5,000달러였던 비트코인은 짐바브웨에서 1만 3,000달러까지 급격하게 상승한 적도 있었다. 세계적인 금융위기, 내전, 전쟁 등의 불안감이 형성되었을 때 사람들이 비트코인을 찾는다는 사실을 알 수 있다.

비트코인은 국내 수많은 부자들 사이에서도 유용하게 활용되기도 했다. 미국이나 호주 일본 등으로 이민을 가려는 가족이 재산을 법정화폐가 아닌 비트코인으로 바꿔 해외에서 환전해 사용하는 경우도 수차례 발견됐다. 뿐만 아니라 비트코인을 활용해 대량의 현금을 자식에게 상속한 부자들도 나타났다. 부모가 수십억 원의 현금으로 비트코인을 구매하고 그것을 아들에게 물려줘서 단 한 푼의 상속세를 내지 않은 것이다. 가장 중요한 사실은 암호화폐 커뮤니티 전체가 비트코인을 가치저장수단 그리고 모든 암호화폐자산의 기초로 인정한다는 점이다. 국내 거래소에서는 아직도 법정화폐를 중심으로 암호화폐를 거래하기 때문에 암호화폐 자산을 원화로 표기하는 경우가 많다. 그러나 해외 중요 암호화폐 거래소인 후오비Huobi, 비트렉스Bittrex, 바이낸스 그리고 오케이 거래소OKEx 등은 모든 암호화폐를 비트코인 기준으로 잡는다. 대부분의 암호화폐 거래소는 비트코인으로 다른 암호화폐를 거래하는 BTC페어거래를 지원한다. 이더리움ETH을 비트코인으로 거래ETH/BTC하거나, 리플을 비트코인으로 거래XRP/BTC하는 일을 말한다. 국내에서는 BTC페어거래보다 원화거래를 활발하게 사용하지만, 해외에서는 분명히 비트코인을 가장 활발히 그리고

어떤 암호화폐가 살아남을 것인가

간혹 이더리움, 퀀텀 등으로 거래하고 있다. 비트코인이 모든 거래의 중심인 것은 확실하다.

비트코인은 분명 느리다. 거래수수료도 비싸다. 그리고 비트코인을 송금하는 일도 익숙하지 않은 일반인에게는 어려운 일일지도 모른다. 그러나 비트코인은 확실하다. 비싸도 큰 양이라면 정확히 송금된다. 그리고 조금만 배우면 비트코인을 송금하는 일은 너무나 쉽다. 거래소나 암호화폐 전용지갑을 이용하면 더더욱 간단하다. 비트코인은 지금까지 그래왔듯이 더 오랜 시간이 지나고 또 그 가치가 인정되는 시간과 이용자가 늘어남에 따라 암호화폐 시장에서 더욱 중요한 입지를 다질 가능성이 크다. 비트코인은 분명 일반적인 화폐로 이용하기에는 구조적인 한계를 지니지만, 그 구조적인 한계가 비트코인을 다른 암호화폐와 달리 확실한 가치저장수단으로 이용되게 만든다. "비트코인으로 커피를 사먹을 수 있냐"는 질문은 하지 말자. 이 세상 누가 금으로 커피를 사먹겠는가? 단위가 높은 화폐일수록 그 유동성은 떨어진다. 미국에서 100달러 그리고 대한민국에서는 5만 원 화폐가 가장 많은 가치를 지니지만, 가장 적게 이용되는 것과 마찬가지다. 비트코인도 가장 많은 가치를 지니지만 가장 적게 사용될 가치저장수단이다. 가까운 미래에 암호화폐가 상용화된다면 비트코인이 살아남는 것은 당연한 일이다.

미국에서 핫한 코인

이더리움은 암호화폐 3세기에도 살아남을 가능성이 큰 확장 응용 플랫폼이다. 비트코인은 간단한 스크립트 언어로 구성돼 화폐로서만 작동한다는 한계점이 있다. 이더리움은 이러한 한계점을 발견하고, 블록체인에 훨씬 많은 정보를 담기 위해 탄생했다. 즉, 비트코인이 전자계산기라고 하면 이더리움은 스마트폰이고 이더리움 블록체인은 아이폰 iOS와 같은 플랫폼이다. 이 때문에 이더리움에서는 비트코인의 전자계산기 기능은 당연히 포함된다. 더불어 금융, 신원관리, SNS, 메시지, 의료, 예술, 행정, 정부, 보험 등 종합적인 애플리케이션을 만들기 위해서 탄생한 블록체인 그리고 암호화폐다. 이더리움이 앞으로 살아남을 우수성은 다음 6개의 특징에서 나타난다. 뚜렷한 비전, dAPP, 사용자 수, 채굴과정, 확장성, 가격의 신뢰성이다.

뚜렷한 비전이란 비탈릭 부테린과 개발진이 지니고 있는 이더리움 플랫폼에 대한 구상을 말한다. 우선 비탈릭을 시작으로 한 수많은 개발진이 블록체인 노드를 구글에서 만든 Go언어로 일반인도 따라하기 쉽게 배포했다. 또한 수십 개의 스마트 계약 기반 코드와 코인이 만들어져 이더리움이라는 생태계가 더욱 다양화되고 성장해가고 있다. 엄청난 개발속도와 블록체인에 대한 인정을 바탕으로 차세대 블록체인이라는 사회적인 인식도 형성된 상태다. 이런 이더리움은 프론티어, 홈스테드, 메트로폴리스, 세레

219

어떤 암호화폐가 살아남을 것인가

너티 총 4단계로 계획돼 있다.

먼저 프론티어는 암호화폐 거래를 위해 이더리움을 채굴 및 발행하고 네트워크를 형성하는 단계다. 이후 이더리움 블록을 만들어가는 생성시기를 겪는다. 다음 홈스테드는 이더리움이 암호화폐로서 생태계를 구축한다. 이더리움의 각종 개발 프로젝트가 서로 연결되는 단계로 꾸준한 업데이트와 수정을 반복한다. 그리고 최근 단계인 메트로폴리스는 이더리움의 대중화를 위한 사회적 인프라가 형성되는 시기로, 기존에 사용하던 작업증명POW방식에서 지분증명POS방식으로 채굴방식을 바꾼다. 이를 통해 이더리움에 대한 수요가 늘어가고 빠른 생산성과 합의 알고리즘을 형성해 더욱 유연한 이더리움을 만든다. 마지막으로 세레너티는 서로 다른 암호화폐, 블록체인과 연결하여 종합적인 블록체인인 플랫폼으로 발돋움한다. 비록 세레너티 단계까지는 오랜 시간이 걸리지만, 이더리움만큼 신중하게 많은 개발진과 두뇌가 모여 플랫폼을 개발하는 블록체인은 매우 드물다.

블록체인판을 잠식할 수도 있는 이더리움의 계획은 실제로 조금씩 이뤄지는 듯하다. 이미 이더리움을 기반으로 출시한 혹은 출시할 예정이 dAPP은 수도 없이 많다. 이더리움의 ERC20을 기반으로 출신된 수많은 토큰들이 이를 증명한다. 이더리움을 기반으로 나온 dAPP의 대표적인 예는 또 다른 dAPP플랫폼인 이오스, 디지털 지갑 오미세고, 모바일 메신저 서비스 스트레터스네트워크토큰SNT, 분산예측시장 어거AUGUR 등 공식적으로 등록된 것만

900개가 넘으며 더 많은 dAPP이 출시되는 중이다. 이더리움을 기반으로 진행한 수천 개의 ICO도 모두 dAPP을 우선적으로 목표하는 경우가 많다. 이미 암호화폐 시장에서는 이더리움을 이용해서 dAPP을 개발하거나, 토큰을 발행하거나, ICO를 진행하거나, 거래를 하는 등 이더리움이 블록체인의 확산과 개선에 있어서 기준점으로 작동하고 있다.

또한 이더리움 블록체인 이용자 수도 이더리움 플랫폼의 성공을 예측하는 지수다. 2017년 블락지코리아는 암호화폐가 안정적으로 자리 잡는 작은 특이점Mini-Singularity으로 2,000만 명의 사용자가 필요하다고 분석했다. 2,000만 명의 사용자(지갑)를 만든 암호화폐는 비트코인과 이더리움 단 두 개뿐이다. 비트코인은 2018년 기준으로 2,250만 명이 넘었으며, 이더리움의 이용자는 3,145만 명이 넘었다. 더 놀라운 점은 최근 들어 비트코인보다 이더리움 이용자가 훨씬 많아진다는 분석이다. 비트코인 이용자가 매달 평균적으로 50만 명씩 증가하는 것에 비해 이더리움 이용자는 최근들에 200만 명씩 상승하기도 했다. 이더리움 지갑의 상승은 이더리움을 이용하고 싶은 사람들이 늘어나고 있다는 것을 말한다. 그리고 이더리움도 플랫폼이기 때문에 사용자는 더 많은 사용자를 끌어들여 시장을 거의 독식하게 될 것이다.

채굴 상황만 보아도 이더리움은 이미 1만 6,277개의 강력한 채굴자를 보유하고 있다. 작은 코인들은 채굴자가 6개인 곳도 있으니 무척이나 많은 숫자다. 이더리움 채굴자는 거의 미국에 몰려

있다. 채굴 현황을 보여주는 이더노드ethernodes.org에 따르면 미국이 35.7%, 중국 11.85%, 러시아 5.6%, 캐나다 5.5% 등으로 미국이 압도적으로 많이 채굴한다는 것을 보여준다. 많은 채굴자가 있다는 사실은 전쟁으로 인해 미국, 러시아, 일본, 대한민국, 중국이 박살나더라도 '이더리움 블록체인이 살아남는다'는 것을 의미한다. 수많은 노드 중 단 하나라도 살아남으면 이더리움 블록체인은 강력히 유지된다.

이더리움에 대한 미국 대학생들의 반응도 dAPP을 만들려는 움직임을 보여준다. 더 많은 dAPP이 활성화되면 이더리움이 살아남기 유리하기에 이런 움직임은 긍정적인 요소다. 미국 MIT와 보스턴 대학이 함께 운영하는 BUFCBoston University Fintech Club에서는 암호화폐 투자보다는 이더리움 스마트 계약 관련 토론이 훨씬 활발하게 이루어지고 있다. 실제로 이들은 보스턴에서 벌어지는 수많은 핀테크 관련 이벤트에 참석해 금융플랫폼에 대한 강연도 수차례 열었다. 버지니아 대학에서도 이더리움에 대한 학생들의 열기는 뜨겁다. 2017년 중순을 기점으로 버지니아암호화폐클럽UVA Cryptocurrency Club에서는 블록체인 중에서도 이더리움 언어인 솔리디티Solidity를 기반으로 한 토론을 이어나가고 있다. 이러한 현상으로 볼 때 미국에서 가장 뜨겁고 인기 있는 암호화폐는 종합 블록체인 솔루션인 이더리움이다. 이더리움을 바탕으로 한 다양한 dAPP을 쏟아낼 미국의 창업자들이 기대된다.

또한 이더리움 스마트 계약을 바탕으로 한 확장성과 이더리움연합을 주의 깊게 살펴봐야 한다. 이더리움연합Enterprise Ethereum Alliance, EEA은 가입 기업들이 이더리움 개발에 도움을 주는 동시에 기술을 비즈니스에 적용하려는 연합이다. 현재까지 EEA에 가입한 기업들은 인텔, JP모건, 딜로이트, 삼성SDS, SK텔레콤, 인포시스 등 세계적인 인지도가 있는 정보통신기술 기업이다. 물론 이들의 EEA가입이 이더리움 성공을 증명하는 것은 아니다. 또한 이런 사기업은 이더리움을 바탕으로 한 블록체인보다는 자체적인 블록체인을 개발할 가능성이 크다. 그러나 이들은 분명 이더리움이 블록체인을 개발하는 방식과 블록체인 플랫폼을 성장시키는 방식 속에서 이더리움의 유전자(형식)를 가져오고 있음은 확실하다. 사실 이더리움의 성장이 이들의 개발보다 빠르고 경제적이라면, EEA에 있는 기업들은 각각이 이용하는 블록체인을 연결하는 기준을 설립할 것이다. 그리고 이 기준으로 이더리움과 스마트 계약 방식이 채택될 가능성도 존재한다. 현재 블록체인을 판매하는 기업 중에서 이더리움만큼 확장성이 뛰어나고 수많은 기업들의 관심을 받고 있는 암호화폐가 없다. 기술적으로 이더리움보다 우수하다고 평가되는 이오스도 있고, 중국 정부가 지원할수 도 있는 퀀텀과 네오도 존재한다. 그러나 현재까지 블록체인생태계가 이더리움을 중심으로 형성되어 있고, 앞으로도 그럴 가능성이 크다는 점에서 각종 산업과의 연결가능성이 가장 큰 암호화폐가 이더리움인 것은 분명하다.

마지막은 가격에 녹아든 이더리움의 신뢰성이다. 이더리움

어떤 암호화폐가 살아남을 것인가

은 이더리움 플랫폼 내에서 사용할 수 있는 것뿐만 아니라, 가격이 상대적으로 크게 변동하지 않아 사람들로부터 신뢰를 받는다. 2017년 12월 일어난 암호화폐버블에서 이더리움 가격이 상승하지 않은 것은 아니다. 12월 400달러에서 1,440달러까지 급격한 상승을 겪었다. 하지만 버블붕괴 과정에서 이더리움은 다른 암호화폐와 비교했을 때 비트코인 수준의 가격방어를 해냈다. 다른 암호화폐가 최고점 대비 90% 많게는 98%까지 하락한 것에 비해 이더리움은 500달러선에서 유지되며 상대적으로 낮은 가격 하락을 보였다. 사람들이 가격 하락 때 비트코인을 보관한 것처럼 이더리움도 시장에서 의미 있는 신뢰도를 갖고 있다.

분명 이더리움은 아직까지 완벽한 암호화폐가 아니다. 블록체인이 완벽하게 개발되지도 않았고 기술적으로도 검증되지 않았다. 또한 시스템 불안정으로 인해 이더리움 블록체인에 일시적인 과부하 현상이 벌어지거나 새로운 업데이트(포크) 때 해킹 당할 수도 있다. 그러나 이더리움이 지금까지 출시된 기술적인 암호화폐 중에서 가장 많이 개발되어 있고, 많은 소유자를 보유하며, 확장가능성이 있다는 것에는 의심의 여지가 없다. 현재까지 출시된 dAPP과 수많은 토큰들 그리고 앞으로도 진행될 ICO를 고려하면 이더리움은 미래에도 우리에게 블록체인 서비스를 이용할 수 있게 돕는 블록체인판 암호화폐다.

틈새를 파고드는 코인

현재 암호화폐 거래량 1위는 비트코인이고, 2위가 리플이다. 하지만 엄밀히 말하면 리플은 암호화폐보다는 미래에 국제적으로 통용될 화폐일 가능성이 크다. 리플은 종합 금융플랫폼이다. 수많은 금융거래가 이루어지는 기차역과 같은 플랫폼으로 전 세계 금융기업의 틈 속에서 빠르게 성장할 것이다. 리플을 비유하자면 바위틈에서 자라나는 거대한 소나무와 같다. 비트코인과 리플의 주요 차이점은 리플은 감독기관이 있고 비트코인은 없다는 점이다. 리플은 프라이빗 블록체인을 보유하고 있고, 비트코인은 퍼블릭 블록체인을 이용하기 때문이다. 프라이빗 블록체인의 장점은 상업적으로 빠르게 적용 가능하고 블록체인의 변형도 자유롭게 이뤄낼 수 있다는 것이다. 이 때문에 사업적으로 활용하기에 안성맞춤인 암호화폐다. 리플의 특이점은 은행 수익모델에 일절 손을 대지 않는다는 것이다. 리플은 은행과 경쟁하는 것이 아닌 은행을 보완하는 프로토콜이다. 화폐로 해외 결제 시 생겨나는 문제점을 빠르고 간편하게 해결한다. 어떤 은행들은 연결된 중간 금융기관 사이에서 거래를 누락시키는 우를 범하는 경우가 종종 있다. 이때 거래 시간은 오래 걸릴 뿐 아니라 비용도 많이 든다.

지금까지 은행은 수수료를 수익구조로 삼고 있었지만 리플은 수익구조를 새로운 형태의 서비스로 제안한다. 리플을 사용함으로써 은행이 외환업무에 사용하던 인건비, 전산비, 기회비용이 획기적으로 줄어든다. 따라서 은행은 리플서비스를 이용하면서 기존 운영의 문제점을 쉽고 간편하게 해결할 수 있다. 현재 리플서비스 테스트 과정에 참여하고 있는 금융기업은 수없이 많다. 도쿄미츠비시 은행, 스탠다드차타드, 아메리칸 익스프레스, 머니그램, SBI홀딩스, 신한은행, 하나은행 등 세계에서 외환 관련 업무를 하는 모든 금융기관은 현재 리플 프로토콜 이용을 검토하고 있다. 리플 전 CEO 크리스 라센은 블록체인과 같은 분산장부를 활용한 리플의 성장을 예상한 관련 기관들의 지원으로 이미 시장에서 유리한 위치를 선점하고 있다고 말했다. 미국 연방준비제도에서 분산된 온라인 장부를 토대로 한 새로운 결제 네트워크 도입이 준비단계에 있다는 사실만으로도 리플의 파급효과는 막강하다. 리플의 포로토콜 속도, 안정성, 투명성은 전통적인 결제 네트워크를 훨씬 앞서나간다. 또한 리플과 같은 분산 온라인장부를 기반으로 한 해외송금 서비스 등은 현재 실패하는 것으로 여기지는 국제 간 결제 네트워크를 발전시킬 것이다.

최근 리플의 발전이 눈에 띈다. 이미 웨스턴유니언이나 머니그램과 같은 기업은 리플을 도입한 송금을 시작했다. 이로 인해 기존보다 60% 저렴하게 해외송금이 가능해졌다. 2018년 상반기 기준 매일 10억 달러가 넘는 금액이 리플을 이용해 실시간으로 전 세계에 송금되고 있으며, 더 많은 금융기관이 리플 솔루션을 채택하면서 거래금액이 늘어날 것으로 전망된다. 또한 슬로베니아

BPG그룹과의 제휴를 통해 e메탈을 개발하고, 귀금속 분야까지 사업영역을 확대하기 시작했다. 리플은 종합 금융플랫폼사업으로 발전을 거듭하고 있다. 이처럼 블록체인을 기반으로 기존 금융시스템에 대체 서비스를 제공하고 있다. 앞으로 기존 금융기관이 가졌던 문제들은 리플이 제공하는 효용성으로 쉽게 해결될 가능성이 높다. 리플은 비트코인, 이더리움, 비트코인 캐시, 대시, 모네로 등의 수많은 암호화폐가 해내지 못하는 실제 산업에서 이용가치가 있기 때문이다. 또 그 실질가치(이용가치)가 점차 확대된다는 관점에서 리플은 성공을 거듭하고 있으며, 앞으로도 퍼스트 무버로서의 입지도 잃지 않을 것이다.

리플은 상용화되기 시작한 몇 안 되는 블록체인판 암호화폐다. 중앙집권화된 중립적인 시스템과 사업에 안성맞춤인 프로토콜을 바탕으로 하는 기업이기도 하다. 리플이 거대하게 성장한다면 사실상 우리가 사용하는 원화, 엔화, 유로마저 대체될 수 있다. 리플의 프로토콜보다 나은 암호화폐는 새롭게 출시될 수 있지만, 리플만큼 현실적이고 뛰어난 사업 감각으로 블록체인 기술을 세상에 접목시키는 기업은 극소수임이 분명하다.

암호화폐 좀비를 줄일 수 있는 암호화폐

마지막으로 3세기에 걸친 암호화폐 시장의 성장과정을 생각했

어떤 암호화폐가 살아남을 것인가

을 때, 살아남을 수밖에 없는 구조를 지닌 것이 있다. 코봇 플랫폼이 대표적이다. 코봇 플랫폼은 암호화폐 자동거래를 위한 종합 플랫폼으로 알고리즘 거래를 위해 만들어졌다. 코봇 토큰이 살아남는 이유는 암호화폐 거래와 알고리즘 봇에 대한 수요가 사라지지 않는 한 플랫폼이 유지되고 유일한 지불수단인 토큰이 가치를 지니기 때문이다.

현재 암호화폐 시장에서 가장 큰 문제로 대두되는 것은 거래의 비효율성이다. 비효율성은 현재 암호화폐를 거래하는 문화와 시장의 고질적인 문제점으로부터 발생한다. 현재 사람이 직접 암호화폐를 거래하며, 24시간 365일 시장이 돌아가기 때문에 급격한 가격 변동성에 대응하기 매우 어렵다. 이는 앞에서 말했듯 거래소에서 안전장치를 제공하지 않고, 또 제공하지 못하기 때문이다. 이런 어려움은 사람들로 하여금 24시간 가격을 확인하게 하거나 타이밍을 잡지 못하게 만든다. 주식 시장에서는 장이 열리는 6시간 동안만 집중하면 되지만, 암호화폐 시장에서는 1분, 1초도 긴장을 늦춰서는 안 된다. 투자의 비효율성은 새벽까지 시세를 확인하고 늦게 일어나 다시 컴퓨터를 켜고 거래하는 '비트코인 좀비'를 양성해왔다. 또한 대부분의 투자자가 투자경험이 거의 없는 일반 투자자라는 점도 비효율성을 야기했다. 투자 시 가장 중요한 첫 번째는 정보력이며, 두 번째는 투자심리다. 정보력은 좋은 정보를 올바르게 입수하고 이해하고 판단하는 것이다. 그러나 현재 신기술 시장이자 가명을 주로 사용하는 블록체인 시장에선

정보가 비대칭적이며, 공유되더라도 전문성이 없는 일반 투자자에게 도움 되지 않는다. 일반 투자자들은 이른바 약한 투자심리를 갖고 있기에 어리석은 결정을 자주 내린다. 가격이 급격하게 오르면 구매하고, 급격하게 떨어졌을 때 판매한 경험이 있다면 투자심리가 약하다고 생각하면 된다.

이러한 문제점과 시장구조 때문에 2017년 겨울 많은 투자자들이 적게는 40%에서 많게는 98%까지 손실을 봤다. 2018년 1월 8일 기준, 800조 원이 넘었던 시가총액은 며칠 만에 270조까지 급격하게 하락했다. 대략 530조 원의 돈이 시장을 빠져나갔는데, 이는 누군가가 이익을 실현하거나 혹은 손절을 위해서 들고 나간 돈이라고 파악할 수 있다. 이때 똑똑한 스마트머니, 고래투자자, 혹은 자동거래를 사용해 투자하는 해지펀드 등이 수익을 봤다. 스마트머니는 시장이 비정상적이라는 사실을 판단하거나 정해둔 수익을 보았기 때문에 시장을 나선 사람들을 말한다. 고래투자자는 큰 자금을 똑똑하게 활용해 투자심리를 약화시키면서 차익을 얻어가는 투기꾼이다. 마지막으로 자동거래를 사용해 투자하는 해지펀드는 봇이 알아서 시장상황을 분석해 수익을 극대화하고 손실을 최소화하는 가장 효율적인 방법으로 투자한다.

코봇 플랫폼은 시장의 문제점을 해결하는 방법으로 일반인도 해지펀드 수준의 알고리즘 투자를 가능하게 한다. 비트코인 좀비는 전문 투자자, 스마트머니, 고래투자자와 달리 시장의 급격한 변동에 즉각적으로 대응하기 어렵다. 이들에게 유일한 방법은 장기투자지만, 장기투자도 투자심리가 약한 대중들에게는 어렵다. 만약 일반투자자들이 자동거래봇을 안전하게 이용할 수 있다면, 투자 피해를 크게 줄일 수 있을 것이다. 코봇 플랫폼의 핵심은 스마트 계약을 적용한 자동거래 시스템으로 봇을 간단하고 합리적인 가격에 이용할 수 있도록 돕는 일이다.

이때 플랫폼에서 제공되는 봇은 코봇을 운영하는 기업뿐만 아니라 개인·단체의 봇 개발자가 올리게 된다. 여러 개의 봇 중에서 선택해 사용할 수 있기에 다양성이 확보된다. 이러한 봇의 성과인 날짜, 수익률 등 정보를 투명하게 공개해 플랫폼 이용자로 하여금 원하는 봇을 선택해 사용할 수 있도록 돕는다. 이용자는 믿을 수 있는 봇을 사용해 자동거래를 하고 생활에 자유를 얻을 수 있으며, 봇 제작자는 불특정 다수에게 합리적인 가격을 안전하게 청구해 수금할 수 있다. 이 모든 과정에서 이용자의 자산은 거래소에 안전하게 보관된다.

코봇 플랫폼에서는 모든 비용 혹은 보상을 자체 암호화폐인 KBOT으로 사용한다. KBOT을 사용하는 이유는 수익금 환수과정을 스마트 계약으로 자동화하기 위함이다. 스마트 계약이 없다면 봇 개발자는 이용자가 얻은 수익의 일부를 얻을 수 없으니 공급 인센티브가 없어진다. 이용자도 스마트 계약이 없으면 과도한 비용이 측정될지 모르니 불안해 사용하지 않는다. 스마트 계약을 통한 환수과정을 블록체인에 저장하면 누구나 열람할 수 있다. 비가역적인 정보가 모두 공개된다면 서로가 서로를 의심할 필요도, 믿을 필요도 없이 블록체인만 보면 된다.

　코봇 플랫폼은 KBOT을 판매하기 위해 만들어진 암호화폐판 암호화폐가 아니다. 앞서 말했듯 코봇 플랫폼은 믿을 수 있는 알고리즘 투자서비스를 제공하고, KBOT은 그 유일한 지불수단일 뿐이다. 이 서비스를 전 세계 불특정 다수에게 제공하려면 스마트 계약과 블록체인이 필요했기에 결제수단을 암호화폐로 정해 서비스를 제공하는 블록체인판 암호화폐다. 스마트 계약이 없다면, 불특정 다수에게 봇을 판매할 수도 없고 봇 제작자는 플랫폼을 믿고 소중한 알고리즘을 판매할 수 없다. 블록체인은 이 스마트 계약과 플랫폼 이용에 대한 객관적인 정보를 누구나 열람할 수 있도록 하기 위해 활용된다. 정보가 모두 공개된다면 누구를 의심할 필요 없이 궁금하면 직접 확인하고, 평가하고, 투표할 수 있다. 앞서 말했듯 코봇 플랫폼을 제공하기 위해서는 스마트 계약이 필요하다. 스마트 계약을 사용한 KBOT은 블록체인판 암호화폐이기 때문에 앞으로의 성장이 기대된다.

　다시 원점으로 돌아가 코봇 토큰이 살아남는 이유를 설명하겠다. 암호화폐 시장에서 많은 이용자들이 자동거래를 원한다. 그리고 수많은 봇 개발자들도 안전하게 자신의 봇을 불특정 다수에게 판매해 수익을 극대화하고 싶어 한다. 현재 필자와 협력관계에 있는 개발자는 국내에서 가장 유명한 자동거래 봇 개발자다. 이 개발자가 좋은 봇을 만들어놓고도 쉽사리 널리 판매하지 못한 이유는 수익금 환수 때문이었다. 잘 만들어진 봇은 자금을 대

어떤 암호화폐가 살아남을 것인가

리로 운영할 필요가 없다. 각자 거래소에 봇을 설치해 운영해주면 된다. 그러나 봇의 수익금을 환급받아야 할 때 이용자들이 수동으로 송금해줘야 했는데 이른바 '먹튀'를 하는 투자자들이 생겨났다. 이 때문에 신뢰할 수 있는 소수의 고액자산가가 주 고객이 되었다. 플랫폼 등장과 활성화는 수많은 제작자로 하여금 먹튀를 방지하고 좋은 봇을 안정적으로 제공할 인센티브를 준다. 또한 이용자로 하여금 자동거래 봇을 믿고 사용할 수 있게 도와 수요와 공급을 효과적으로 이어준다. 수요와 공급이 존재하는 한 플랫폼은 건재하며 플랫폼을 이용할 수 있는 유일한 수단인 KBOT은 실제가치를 지닐 수밖에 없다.

암호화폐 시장은 앞으로도 성장한다. 암호화폐는 2세기를 걸쳐 3세기에 접어들면서 훨씬 더 많은 사람들의 관심을 받고 투자자가 늘어날 가능성이 크다. 암호화폐 시장의 성장에서 투자자가 미래에도 사람이 클릭하는 매뉴얼적인 투자를 진행한다고 생각하면 구시대적 발상이다. 편지를 손으로 쓰다가 컴퓨터로 작성하고, 전화를 사용하다가 보이스톡을 사용하는 것처럼 합리적이고 경제적인 신기술의 등장은 삶을 크게 변화시킨다. 코봇 플랫폼은 이렇듯 우리들의 투자문화를 수동거래로부터 자동거래로 그리고 정교한 알고리즘으로 변화시킬 수 있다. 주식 시장보다도 암호화폐 시장이 먼저 알고리즘 거래 확산이 시작될 최적의 장소다. 분산화, 신뢰, 기술적 우수성이 블록체인 시장의 키워드이기 때문이다.

코봇 토큰과 같은 암호화폐를 판별하고 싶다면 무조건 3가지 관점에서 평가를 시작해보면 좋겠다.

❶ 내가 집에서 쓰고 싶거나 참여하고 싶은 서비스인가?

❷ 서비스를 경제적이고 합리적으로 이용할 수 있는가?

❸ 블록체인과 암호화폐 혹은 스마트 계약을 사용하는 근거가 명백한가?

이후 구체적으로 살펴볼 가치가 있다. 기술적인 부분부터 팀, 개발상황, 베타서비스, 소셜 네트워크, 이에 대한 커뮤니티 평가 등 종합적인 관점으로 살펴보자. 암호화폐 하나를 집중해서 연구하다 보면 어느 순간 내가 진심으로 응원하는 프로젝트가 나올 수도 있고, 직접 사용할 수 있는 서비스가 나올 수도 있으며, 블록체인과 암호화폐의 실질적인 가치, 효용을 체험해볼 수도 있다. 마치 바이낸스 토큰이 수많은 거래소 이용자에게 암호화폐의 유용성과 사용가치를 가르쳐준 것처럼 말이다.

이용자가 혜택을 보는 플랫폼

사실 필자는 현존하는 암호화폐 중에서 비트코인, 이더리움, 리플을 제외한 나머지 암호화폐, 그중에서도 토큰의 성공을 확신하지 않는다. 서비스를 직접 이용할 수 있는 dAPP이 많이 없으며, dAPP이 살아남기 위해선 코인보다 까다로운 조건을 충족해야 하기 때문이다. 앞서 말했지만 블록체인을 기반으로 한 코인은 블록체인이 상품이고, dAPP을 기반으로 한 토큰은 dAPP이 상품이다. dAPP을 상품으로 내세우는 토큰은 이제야 상품을 하나둘 내놓기 시작한 상황이다. 현재 가장 활발하게 이용되는 dAPP으로는 스팀잇Steemit.com이 있다.

스팀잇은 플랫폼을 이용하는 이용자가 혜택을 보는 소셜 네트워크 플랫폼으로, 콘텐츠에 대한 보상을 유저가 준다. 스팀잇에서는 STEEM이라 불리우는 암호화폐로 콘텐츠를 만든 이에게 보상을 준다. 대부분 소셜 네트워크 플랫폼과 스팀잇의 다른 점은 유저가 창출하는 가치를 유저가 가져간다는 것이다. 기존의 소셜 네트워크 플랫폼에서는 유저가 네트워크를 이용하면서 만들어내는 콘텐츠나 트래픽으로부터 수익을 얻을 수 없었다. 유저는 플랫폼을 자유롭게 이용하고 플랫폼기업이 데이터와 콘텐츠를 소유한다. 반면, 스팀잇에서는 유저가 시간과 노력을 들여 만들어낸 콘텐츠의 보상을 만든 이가 가져간다.

2018년 4월 페이스북 창립자 마크 저커버그가 미국 국회청문회에 다녀왔다. 페이스북이 유저 데이터를 정보분석기업에 제공했고, 정보분석기업이 이를 2016년에 치른 미국대선에서 이용했기 때문이다. 페이스북 정보가 대선 등 정치활동에 이용된 것도 문제지만, 유저의 정보 그리고 유저가 만들어낸 빅데이터를 페이스북이 소유하고 이를 상업적으로 활용한다는 것도 많은 유저들의 반발을 가져왔다. 플랫폼을 제공한 건 페이스북이지만, 플랫폼에 콘텐츠를 제공하고 부가적인 가치를 창출하는 것은 유저였기 때문이다. 중앙집권화된 플랫폼은 창출되는 모든 가치를 가져가고 자유롭게 이용한다. 이런 문제점에 반발하며 스팀잇이 탄생했다. 스팀잇은 지금까지 가장 활발하게 이용되는 dAPP 중 하나다. 스팀잇에 가입하면 가입정보, 보유한 STEEM, 작성한 글, 댓글, 투표 등 모든 정보가 기록된다. 게다가 스스로 유익한 글을 작성하거나 다른 사람이 작성한 글에 투표를 하면 STEEM을 받는다. STEEM으로 스팀파워Steem Power를 구매하면 커뮤니티에 영향력을 더 많이 행사할 수 있으며 스팀파워도 언제든지 STEEM으로 교환 가능하다. 스팀잇은 자체 블록체인을 보유한 dAPP이다. 아무도 스팀잇을 소유하지 않아 탈중앙화된 시스템이며 합의된 논리에 따라 모든 프로세스가 자율적이고, 사람들의 참여를 전제로 운영된다. 이용자가 늘어날수록 가치가 높아진다.

스팀잇은 블록체인과 dAPP을 적절하게 사용하는 매우 우수한 예다. 기존에 다른 암호화폐 커뮤니티에 글을 쓰던 사람부터 만화가, 라이트노벨 소설가 등의 다양한 콘텐츠 제작가가 스팀잇에 몰려들었다. 그러나 스팀잇은 아직까지도 수많은 시행착오와 검증을 겪는 중이다. 스팀잇을 이용하던 사람들이 서비스에 익숙하지 않아 다른 커뮤니티로 이동하기 때문이다. 또한 스팀잇에선 영상콘텐츠가 제공되기 어려우며, 영어 외의 언어를 사용하는 유저에게는 적합하지 않기 때문이다. 미래의 스팀잇이 지금 그대로 이며 스팀잇보다 훌륭한 dAPP이 출시된다면, 스팀잇은 경쟁에서 도태될지도 모른다. 마치 싸이월드와 마이스페이스가 먼저 출시됐지만 페이스북이 SNS시장을 장악했듯이 말이다. 분명 이 시기에 나타나는 훌륭한 dAPP도 상당 부분 살아남을지 모르지만, 정말 완성도 높은 dAPP은 초대형 암호화폐버블이 붕괴되고 난 뒤에 출시될 가능성이 크다. 일반인들이 편하게 사용하는 dAPP이 버블 이후에 탄생한다고 생각하는 이유는 단순하다. 우리가 사용하는 스마트폰앱, 인터넷 서비스 등의 상당 부분은 닷컴버블 이후에 탄생했기 때문이다.

현재 정보통신 기술 시장에서 선두를 달리는 구글, 마이크로소프트, 아마존 등은 닷컴버블을 이겨내고 화려하게 성장한 훌륭한 기업이다. 닷컴버블 이후에도 ICT 시장에서 훌륭한 기업들이 많이 등장했는데, 대표적인 예가 페이스북과 유튜브. 페이스북은 닷컴버블이 지난 2004년 하버드 대학생 마크 저커버그가 페이스메시Facemash라는 서비스로 시작했다. 처음에는 하버드 대학생들만 사용할 수 있었던 플랫폼에서, 예일, 스탠퍼드, 컬럼비아 대학 등 그리고 고등학교까지 이용자층을 넓혔다. 2006년을 기준으로 이메일만으로 누구나 가입할 수 있게 바뀌었고, 뉴스피드, 타임라인, 페이지, 그룹 등의 추가적인 기능을 개발해 세계적인 플랫폼으로 성장시켰다. 유튜브도 별반 다르지 않다. 닷컴버블이 끝난 2005년, 페이팔 직원 3명이 공동으로 창립했고, 2006년 구글에

인수돼 본격적으로 성장하기 시작했다. 유튜브도 획기적인 아이디어를 추가해 현재 54개 언어가 제공되고, 오디오, 스트리밍, 영화와 광고 등의 서비스로 전 세계적인 동영상 플랫폼으로 발돋움했다. 페이스북과 유튜브는 닷컴버블 때 생겨난 기업이 아니다. 오히려 닷컴버블이 끝나고 인터넷에 대해 사람들이 더 많이 알게 되고, 직접 이것저것 만들어보려는 시도가 생겼을 때 탄생했다.

이 경우를 볼 때, 블록체인을 활용해 서비스를 제공하고 dAPP을 만들어내는 신생 기업들은 암호화폐버블 이후에 탄생할 가능성이 더 크다. 이들은 수많은 시행착오를 바탕으로 훨씬 세련되고 상품성 있는 서비스를 만들어낼 수 있다. 또한 이때가 되면 블록체인과 암호화폐에 대한 사람들의 인식도 개선되어, 무조건적인 투기로 치부되지 않고 실질가치를 바탕으로 한 올바른 투자로서 지금보다 훨씬 건강하게 성장할 수 있다. 이 시기에 접어들면 dAPP을 직접 이용할 수 있게 될 것이다.

또한 대한민국에서 사용될 dAPP은 페이스북과 유튜브처럼 세계적인 기업일 수도 있지만, 카카오톡과 아프리카TV처럼 한국인이게 적합한 dAPP일 가능성이 높다. 한국인에게 알맞은 디자인, 설계, 문화, 편의성을 지닌 dAPP은 한국인들이 선택하기 때문이다. 앞으로 2~3년 안에 전 세계는 블록체인 경쟁에서 dAPP 경쟁으로 방향이 바뀔 것이다. 이미 수많은 토큰이 나왔다는 사실에서 전 세계는 dAPP 시장을 선점하기 위해 전쟁을 벌이고 있다. 대한민국도 머뭇거릴 이유가 없다. dAPP을 만드는 스타트업들이 블록체인과 스마트 계약에 대해 정확히 이해하고, 정부는 한국인들에게 적합한 dAPP이 출시될 수 있도록 지원해야 한다.

결론적으로 현존하는 암호화폐 중 미래에 살아남는 dAPP에서 사용될 토큰은 많지 않으며 승패가 불확실하다. 토큰은 코인과 다르게 dAPP의 성공이 토큰의 성공을 좌우하고, 수많은 시행착오를 이겨낸 다음 사람들의 선택을 받아야 하기 때문이다. 정말 dAPP이 가치 있고 필요하다고 느껴지는 사람이라면, 현존하는 dAPP의 아이디어와 문제점에 집중해야 한다. 그리고 앞으로 어떤 dAPP이 필요하고 어떻게 발전해야 하는가를 생각해야 한다. 언젠가 직접 dAPP을 만들어보길 바란다. dAPP은 새로운 분야이기 때문에 수많은 시행착오와 연구가 뒷받침되어야 하지만 동시에 엄청난 기회들도 눈앞에 존재한다. 전 세계에서 라인과 배틀그라운드가 사랑받듯, 대한민국에서 개발된 dAPP이 세계에 뻗어나가지 못할 이유가 없다. 일자리와 먹거리가 없는 지금, 블록체인과 dAPP 시장을 선점할 수 있는 수많은 스타트업의 등장은 어두운 터널 속 한 줄기 빛이 될 수도 있다.

토큰으로 투자수익을 얻을 수 있으면 좋지만, 꼭 투자적인 관점에서 토큰을 구입하려고 하지 않아도 된다. 토큰을 이용하려는 관점에서 토큰을 구입하고 보유하면 좋겠다. 사람이 죽을 때까지 절대로 사용하지 않을 토큰을 구입해서 차익을 보려고 하는 일은 평생 사용할 가능성이 적은 스위스 프랑이나 짐바브웨 달러를 구입해서 몇 달, 몇 년간 묵혀두는 것과 다르지 않다. 이왕이면 내가 쓸 가능성이 있는 토큰을 선별하고 구입하길 바란다.

지금 미국 젊은 창업가들, 일본 중년 창업가, 중국의 천재들은 창의적이고 수익성이 좋은 dAPP을 구축하기 시작했다. 대한민국도 이에 뒤쳐질 수 없다. ICON이라는 블록체인이 국위선양하는 것처럼, 대한민국에서 출시된 dAPP이 전 세계를 뒤흔들 시간이 다가왔다. 이 책을 읽고 새로운 분야에 진출하고 싶다면 블록체인과 dAPP 시장에 과감히 도전하길 바란다.

어떤 암호화폐가 살아남을 것인가

- 비트코인은 가치저장수단으로 암호화폐 생태계의 핵심적인 기능을 담당해 나갈 것이다. 비트코인은 수학, 경제, 사회, 기술적으로 매우 정교하게 설계된 암호화폐다.

- 이더리움은 확장 응용 플랫폼으로 블록체인 프로젝트의 탄생과 발전의 핵심적인 역할을 담당할 것이다. 이더리움은 초보자도 이용하기 쉬운 편리함과 기술적인 우수성을 지닌다.

- 리플은 금융기업을 위한 서비스다. 리플은 서비스의 완성도와 경제적인 효과가 우수해 많은 기업들이 해외송금에 이용할 것이다.

- dAPP과 토큰 분야에서 미래에 살아남을 것이라고 확신할 수 있는 프로젝트는 없다. 플랫폼의 미완성도와 사용자의 경험이 축적돼야만 판단할 수 있다.

- dAPP은 세계적인 플랫폼보다는 지역적인 플랫폼으로 성장할 가능성이 크다. 일본이 메신저로 라인을, 대한민국은 카카오톡을, 미국은 페이스북 메신저를 사용하는 것과 마찬가지다. 이용자의 언어, 사고, 경험, 문화 등을 종합적으로 고려해 나온 플랫폼과 그 토큰이 각광을 받을 것이다.

- 앞으로 토큰은 잠재적 이용자 수가 많은 미국과 중국에서 출시된 것이 유망하다.

- 미래에도 코봇 토큰은 암호화폐 거래가 사라지지 않고 자동거래에 대한 수요가 존재하는 한 사라지지 않을 것이다.

에필로그

원고를 마무리하기 며칠 전, 거래소에서 일하는 지인으로부터 해외 암호화폐를 평가해달라는 부탁을 받았다. 암호화폐 백서와 웹사이트를 빠르게 훑고는 깃허브에 올라온 코드와 커뮤니티 활동 등을 위주로 정보를 찾아보았다. 아니나 다를까, 스캠코인이었다. 스캠코인 중에서도 중간 단계로 거래소 상장을 목표하고 있었다. 그 암호화폐 기업이 제공한 정보가 너무나 적어서 혹시나 하는 마음에 암호화폐 운영진과 미팅을 잡았다.

강남의 한 대형사무실에서 진행한 미팅. 필자는 이들에게 암호화폐의 분류와 목적은 무엇인지, 왜 암호화폐를 발행했는지, 블록체인(스마트 계약)이나 dAPP을 직접 확인할 순 없는지, 그리고 암호화폐 경제학 '토큰경제'는 어떻게 되는지 등을 질문했다. 그리고 예상대로 그들은 이러한 질문에 전혀 대답하지 못했다. 암호화폐 가격이 어떻게 정해져야 하는지, 얼마만큼 발행해야 하는지, 어떻게 이용자에게 전달돼야 하는지 등 블록체인, dAPP, 암호화폐에 대해 전혀 몰랐다. 암호화폐를 만들면 팔리니 누구나 만들 수 있는 암호화폐 토큰을 발행해 스토리를 붙여 팔려고 한 것이다. 암호화폐를 올림픽 기념주화쯤으로 아는 듯했다.

필자는 2시간이 넘게 그들이 발행한 암호화폐가 뭔지 그리고 어떻게 운영돼야 하는지에 대한 필요충분조건을 자세하게 설명해주고 나왔다. 당연히 거래소 상장은 못하게 저지했다. 언제 사라져도 이상하지 않은 암호화폐는 대중에게 노출되면 안 된다. 질문하러 가서 공짜로 교육해주고 왔다. 그들의 사업성공을 위해서가 아니라 미래 암호화폐 및 블록체인 시장을 위해서 그랬다. 이런 사람들이 쓰레기 암호화폐를 찍어내고 팔면 손해 보는 이들은 결국 블록체인과 암호화폐를 제대로 발전시키려는 사람들이기 때문이다. 그러나 전혀 놀라운 일은 아니었다. 한숨을 푹 쉬고 잠시 생각에 잠겼다. '암호화폐 시장과 블록체인 기술을 만만하게 보고 암호화폐를 발행하려는 사람들을 완전히 막을 수는 없을까?' '쓰임이 없는 토큰을 수십억 개 발행해 팔려는 비양심적인 사람들을 감옥에 넣을 수는 없을까?' 사라질 암호화폐의 존재를 세상에 알려야 한다는 사명감이 문득 들었다.

미팅을 끝내고 돌아오는 길. 엘리베이터에서 미팅 때보다 훨씬 기가 막히는 대화를 들었다. 현재 암호화폐 기업에 종사하는 사람들이 스캠코인을 250만 개 지니면서 "이게 1만 원이 되면 얼마야?"라며 행복해하는 대화였다. 언제, 어떤 이유로 0원이 될지 모르는 암호화폐에 어린아이 미소를 짓는 특정 암호화폐 종사자를 보며, 전문투기꾼들이 현재 시장에서 순진한 투자자를 대상으로 돈 뺏는 일이 얼마나 쉬울지 상상되었다. 사는 사람이 있으니 파는 사람이 있다. 스캠코인을 사는 사람이 없어지도록 시장 내에 판별과 검증의 움직임이 활발해져야 한다.

현존하는 99%의 암호화폐는 사라진다. 대부분의 암호화폐가 스캠코인이며, 실제로 플랫폼이 개발되거나 개발되어도 살아남을 가능성은 드물다. 현재 시장에서 집계되는 1,600개부터 집계되지 않은 또 다른 1만 개의 암호화폐는 십중팔구 문제투성이다. 거래소에 신규 상장을 요청하는 암호화폐 대부분도 ICO 열풍의 마지막 바람에 편승하려는 사람들이 대부분이다. 적어도 이들이 프로토타입을 내놓거나, 백서를 제대로 작성하거나, 깃허브에 코드를 공개하거나, 개발진과 운영자금을 투명하게 보여준다면 믿어보겠다. 그러나 안타깝게도 현재 암호화폐 시장은 문제투성이다.

필자는 블록체인과 암호화폐 시장에서 제대로 일하는 사람들이 있다는 사실은 절대로 부정하고 싶지 않다. 아니, 오히려 한 명씩 짚어서 설명하고 또 자랑하고 싶을 정도로 훌륭한 사람들이 많다. 대한민국에 블록체인 기술만을 집중적으로 연구하며 특허를 수십 개나 지니고 있는 기술 중심 기업도 있다. 이 회사는 암호화폐를 발행하지 않는다. 또한 제대로 된 블록체인과 그에 필요한 암호화폐를 개발하고 있는 기업도 존재한다. 필자의 동창

에필로그

은 이 기업에 입사해 블록체인 프로그래머로서 실력을 기르고 있다. 토큰이 제대로 활용될 dAPP을 구축하고 개발하고 있는 기업도 있다. 이 회사 대표님은 블록체인과 dAPP 그리고 스마트 계약을 누구보다도 열심히 공부하고 또 이해하고 계신 분이다. 필자가 스캠코인을 누구보다도 싫어하는 이유는 블록체인 기술을 열심히 개발하고 쓰임 있는 암호화폐를 만드는 사람들의 노력이 무시되기 때문이다. 친구가 입사한 또 다른 암호화폐 기업은 작년에 비윤리적인 생각을 지닌 경영진도 모두 갈아엎었다. 암호화폐를 팔아치울 생각을 하지 말고, 완성도 높고 사람들이 믿을 수 있는 완벽한 블록체인을 구현하려고 노력해야 한다. 국내뿐만 아니라 해외에서도 열심히 하는 사람들이 많다. 암호화폐 기업, 블록체인 컨설팅 기업 그리고 마이크로소프트, 딜로이트, 엑센츄어 등의 대기업에서도 블록체인 기술을 집중적으로 개발하고 단계적으로 실험하고 있다.

현재 암호화폐업에 종사하는 사람들이 갖고 있는 어려움은 기술적인 것보다 인식적인 부분이 크다. "나 dAPP을 개발해"라고 말하면, "왜? 토큰 만들어서 팔려고?" 혹은 "토큰 얼만데?"라고 말하는 사람들이 대부분이다. 어떤 dAPP이 나오는지, 토큰은 어떻게 사용되는지, 어떤 스마트 계약을 사용하는지, 토큰경제 설계와 생태계는 어떻게 구상하고 있는지 궁금해하는 사람은 없다. 암호화폐업 종사자들을 '코인을 만들어서 돈이나 많이 벌려는 사람', '스캠코인을 발행하는 사람'이라고 생각한다. 그렇다고 모든 암호화폐 종사자들을 사기꾼으로 몰거나 돈에 환장한 사람으로 생각해서는 안 된다. 정말 가치 있는 블록체인과 뛰어난 dAPP을 만들고, 이를 암호화폐로 빠르고 편하게 이용할 수 있게 노력하는 사람들이 존재한다. 이들의 존재와 노력이 스캠코인 때문에 감춰지는 것은 절대로 좋은 현상이 아니다. 암호화폐와 블록체인에 대한 인식이 좋아지기 위해선 훨씬 오랜 시간이 필요하겠지만, 이 책을 읽고 난 후 암호화폐 시장에도 좋은 뜻을 갖고 일하는 사람들을 부정하지 않았으면 한다.

지금은 암호화폐 2세기다. 이제부터 수많은 암호화폐와 블록체인이 검열과 평가의 과정을 거치고 서서히 사라지기 시작할 것이다. 그리고 정말 제대로 된 알짜만이 살아남는다. 이때 너무 많은 암호화폐가 사라져도 놀랄 필요 없다. 사라져야 할 암호화폐는 사라져야 한다. 이 암호화폐 2세기에서 제대로 된 암호화폐 기업과 종사자들은 하나둘씩 시장의 잘못된 부분을 스스로 바로잡을 것이다. 암호화폐 기업에서 스캠코인을 직접 언급하며 문제점을 해명할 수도 있고, 압도적인 기술력으로 스캠코인이 따라잡을 수 없는 좋은 암호화폐를 만들 수도 있다.

가격이 오르거나 버블이 형성되는 것도 별로 개의치 말자. 현존하는 암호화폐 중에서 실질가격을 지니는 암호화폐는 없다. 검증이 끝나고 투자해도 늦지 않다. 아니, 이때부터는 투자가 아닌 '사용'일지도 모른다. 투기광풍에 편승해야 한다는 강박도 버렸으면 한다. 2000년 닷컴버블 때도 2008년 모기지 사태 때도 남 따

에필로그

라 돈 벌려고 시작한 일은 끝이 좋지 않았다. 일반인이 투기로 돈을 버는 것은 로또 당첨만큼 어렵다. 잃어도 되는 돈으로 투자하면 된다는 생각도 다시 생각해보자. 이 세상에 잃어도 되는 돈이 어디 있을까? 모든 돈은 10원도 소중하다. 잃어도 되는 투자는 진행하지 말아야 한다.

우리는 선택을 잘해야 한다. 암호화폐 시장에서 돈을 가져다줄 암호화폐는 블록체인판 암호화폐다. 암호화폐판 암호화폐가 가격 변동이 훨씬 심할지도 모르지만, 블록체인판 암호화폐도 분명히 매력적이다. 그리고 자신이 투자한 암호화폐의 블록체인이 개선되고 발전되어 더 많은 사람들이 신뢰하는 과정을 보면 뿌듯할 수도 있다. 내 안목과 선택이 틀리지 않았다는 걸 직감한 그 느낌이 투자의 매력 아니겠는가. 다시 한 번 말하지만 암호화폐가 아닌 암호화폐 뒤에 존재하는 블록체인과 dAPP을 본다면 투자에 실패하지 않을 것이다.

필자는 대한민국의 모든 것을 아끼고 사랑한다. 필자가 사랑하는 나라에 암호화폐 투기 광풍이 불고 수많은 피해자가 생겼다. 암호화폐, 블록체인, 거래소 등의 개념들이 복잡하게 섞이고 이 신기술에 대한 잘못된 인식까지 형성되기 시작했다. 필자는 사람들이 블록체인과 암호화폐를 그 자체로 바라봤으면 한다. 블록체인과 암호화폐의 가격, 수식 어구가 아닌 본질을 바라보자. 본질이 보이면 블록체인과 암호화폐가 이해되고 투기에 휩쓸리지 않는다.

필자는 대한민국이 블록체인과 암호화폐 강국이 되었으면 하는 바람을 갖고 있다. 블록체인은 전 세계로 자연스레 수출할 수 있는 기술이다. 인터넷, 스마트폰이 처음 등장했을 때 사람들이 부정적으로 생각했다가 시간이 지나면서 사용했듯이, 블록체인도 마찬가지일 거라고 본다. 이 세상 수많은 애플리케이션과 인터넷 기술은 시간이 지나면서 선택될 옵션이다. 이왕이면 믿을 수 있는 서비스, 플랫폼, 화폐를 사용하자는 움직임이 보일 것이다. 나는 대한민국이 이런 신기술이 상용화되기 가장 적합한 환경을 가졌다고 생각한다. 한국인은 분명 머리가 좋고 배우는 게 빠르다. 아무도 흉내 내지 못할 경제 발전을 이룬지 오래며 정보통신 분야의 발전으로 단합력이 좋고 정보공유가 빠르다. 초등학생도 스마트폰을 지니고, 할아버지도 카카오톡을 사용하는 나라다. 그래서 인터넷에 떠돌아다니는 정보가 늘 확실하지 않다는 점과 애플리케이션 해킹이 가능하다는 점도 충분히 인지하고 있다. 블록체인은 이러한 사태를 완벽히 방지할 수 있다. 그렇기에 대한민국은 블록체인이 필요하고 제대로 된 블록체인과 dAPP이 나온다면 가장 먼저 이용할 국가다. 블록체인을 기반으로 한 서비스와 암호화폐 결제도 다른 어느 나라보다 빠르게 적응할 것이다. 이미 신용카드와 티머니 그리고 카카오머니와 같은 디지털 화폐를 사용하고 있듯이 말이다.

그러나 블록체인 도입을 위해서 꼭 거쳐야 하는 과정이 있다. 바로 현재 암호화폐 및 블록체인 시장 내 거품현상 붕괴다. 실제

에필로그

가치를 확인하기 전까지 블록체인과 암호화폐의 도입은 이르다. 거품현상 붕괴는 우리에게 스캠코인(스캠 블록체인)을 걸러주고, 블록체인의 실제이용가치를 밝힐 것이다. 그리고 쓸 만한 블록체인을 보여주며 새롭게 출시되는 dAPP이 개발을 이끌어줄 것이다. 블록체인이 상용화되는 암호화폐 3세기가 시작되면 온 국민이 블록체인의 혜택을 누리게 될 것이다.

보이지 않는 곳에서 블록체인과 제대로 된 암호화폐를 만들고 있는 모든 암호화폐 종사자들을 3세기에서도 만날 수 있길 기대한다. 모니터 앞에서 열심히 차트를 보고 있을 투자자들도 3세기 때 웃으면서 만났으면 한다. 거래소 관계자 역시 꼭 필요한 블록체인 기업이 성장할 수 있도록 도와줬으면 한다. 정부관계자들도 암호화폐의 진실을 마주하고 그에 필요한 정책이 연구되었으면 한다. 그리고 마지막으로 이 책을 읽는 사람들이 사기꾼에게 속지 않고, 암호화폐의 본질을 이해하길 기대한다.

"이 책을 사랑하는 가족과 팀원, 조광선·이승원 멘토님, 그리고 존경하는 모든 선배님들께 바칩니다."

라스트 코인을 찾아라!

가격이 올라가면 좋은 암호화폐라 판단했는가?

가격이 떨어지면 사기성 코인이라고 생각했는가?

암호화폐 가격 붕괴를 보고 암호화폐와 블록체인의 실패를 확신하였는가?

이 중 하나라도 해당한다면 당신은 암호화폐와 가격버블로부터 속은 것이다.

가격이 아니라 본질을 봐야 진짜 암호화폐를 가려낼 수 있다.

믿을 수 있는 암호화폐 조건은 3가지다.

백서, 암호화폐의 사용처, 많은 사용자.

이 〈부록〉에서는 2020년 살아남을 암호화폐 12종과 사라질 8종을 짚어줄 것이다.

앞의 3가지를 기억하며 살아남을 라스트 코인을 찾아보자.

점선을 따라 잘라주세요.
'라스트 코인'을 짚어드립니다. ──

살아남을 암호화폐

현재까지 다른 저서에서 소개된 암호화폐나 이론들은 크게 집중하지 않아도 된다. 암호화폐 1세기에 등장한 책은 새로운 아이디어에 호들갑을 떨며 아무런 근거 없이 추천해왔기 때문이다. 보통 '이 암호화폐가 쓰임 있고 살아남을 이유' 보다 '암호화폐의 특징' 설명 밖에 없었을 것이다. 저자도 모르는데 어떻게 설명할 수 있겠는가. 독자에게 발행 시기, 발행 방식, 블록생성시간, 발행 한도 등을 설명해 주어도 큰 도움이 되지 않는다. 결국 독자도 저자도 시간 낭비한 것과 다름없다.

여기서는 암호화폐를 구체적으로 설명하고 왜 살아남을 가능성이 높은지를 설명해주려고 한다. 유용한 암호화폐 12종을 소개하기에 앞서 2가지만 살펴보자.

첫째, 현재까지 출시된 '3세대 블록체인'은 거의 개발이 불가능하다고 생각해도 좋다. 본문에서 말했지만 블록체인을 개발하는 일은 여간 쉽지가 않다. 개발자도 책을 보고 공부하면서 개발하는 것이 현실이다. 아직 2세대 블록체인 이더리움도 완성되지 않았는데 3세대가 불쑥 나와서 성공할 수 있다고 생각하면 이는 순진한 생각이다. '3세대, 4세대'라고 번지르르한 말로 속인다면 철저하게 무시해도 좋다. 현재 암호화폐 시장은 비트코인과 비트코인 2중대, 이더리움과 이더리움 2중대로 분포해있다.

둘째, 특정 산업과 연결되지 않은 블록체인 및 dAPP 암호화폐는 쓸모없다고 판단해도 좋다. 암호화폐는 블록체인 서비스 혹은 dAPP 서비스를 이용하기 위한 지불수단일 뿐이다. 서비스가 없으면 암호화폐는 쓸모없고 서비스가 있더라도 고객이 없다면 완전한 실패작이 된다. 만약 2017년 전에 출시해 아직까지 사업적인 성과가 전혀 없다면 무시해도 되는 암호화폐. 만약 사업적 성과를 보이면 그때 다시 구매를 고려하면 된다.

선택받는 암호화폐는 모두 블록체인판 암호화폐로 블록체인 혹은 그 관련 서비스를 사용하기 위해 암호화폐를 지불해야 하는 시스템이다. 지금부터 12종의 암호화폐를 '왜 이 암호화폐가 쓰임을 갖게 되는가' 관점에서 설명하겠다. 12종의 암호화폐를 제외한 나머지 암호화폐는 3세기까지 주의 깊게 살펴보지 않아도 괜찮다.

비트코인

"금, 은과 같은 전 세계적인 가치저장수단이 될 것"

비트코인은 현재 2,000만 명이 넘는 참여자가 믿는 가치저장수단으로 암호화폐 시장의 거래·자산기준이다. 비트코인은 앞으로 3가지 분야에서 주로 사용될 예정이다. 첫째, 암호화폐의 BTC페어 거래로 비트코인으로 다른 암호화폐를 거래하는 데 사용될 것이다. 둘째, 안전한 해외송금에 사용될 것이다. 비트코인은 느리고 비싸지만 안전하고 확실하다. 셋째, 음지 거래에서 사용될 것이다. 분산화거래소 DEX가 등장하면 비트코인을 활용한 음지에서의 거래가 더욱 활성화될 수 있다. 즉, 비트코인은 암호화폐 시장의 거래기준으로 자리 잡으며, 음지의 활용에 주로 사용될 수 있다. 예를 들어, 비트코인으로 자식에게 재산을 물려주려면 비트코인을 현금으로 구매해 USB에 프라이빗키를 저장하고 자녀의 손에 넘겨주면 상속이 끝난다. 해외로 비자금을 움직일 때도 유용하다. 대한민국의 비자금을 오프라인 거래소에서 비트코인으로 바꾼 다음에 USB에 담아 비행기를 타고 출국하면 된다.

이더리움

"장기적으로 쓰임과 가치가 크게 상승할 것"

이더리움은 현재 3,000만 개 이상의 지갑이 생겨난 믿을 수 있는 암호화폐다. 이더리움은 블록체인 서비스를 위한 블록체인으로 블록체인 시장의 근간을 잡고 있다. 이더리움은 강력한 블록체인과 관련 서비스를 제공하며 수많은 dAPP이 형성·운영될 수 있다. 이더리움은 다음과 같은 분야에 사용되면서 쓰임을 지닐 것이다. 첫째, ICO를 위한 유용한 도구에 활용될 것이다. 둘째, 스마트 계약을 활용해 온라인 금융거래에서 널리 사용될 수 있다. 셋째, EEA(이더리움 기업 연합)와의 공조를 통해 비즈니스와의 결합을 지원할 것이다. 즉, 이더리움은 비트코인과 같은 1세대 암호화폐의 특성에 스마트 계약이 더해져 확장성과 범용성이 좋다. 비트코인이 하지 못했던 일을 할 수 있으며 dAPP을 만들고 싶거나 ICO를 진행하고 싶은 수요자가 사라지지 않으면 2세대 암호화폐 이더리움은 살아남는다.

리플

"해외송금의 대안으로 사용될 것"

리플은 126만 개 이상의 지갑을 지닌 리플 프로토콜을 사용하는 암호화폐다. 리플은 분산장부(블록체인) 서비스를 제공하는 회사를 나타내며 암호화폐는 XRP라고 불린다. (리플은 사실 XRP가 리플로 불리는 것을 꺼려한다.) 리플의 모회사 리플랩스는 은행 등의 금융기관에 리플 프로토콜이라는 전송 서비스를 판매하며 화폐에서 XRP로 그리고 다시 XRP를 화폐로 교환하는 데 XRP를 사용한다. 리플랩스는 위 서비스를 제공하며 수익을 내고, XRP 전송 시 사용된 수량의 수수료를 소멸시켜 XRP 가격을 장기적으로 높인다. 이 서비스는 100개 이상의 금융기관을 고객으로 두었으며 머니그램에서 시범적으로 운영 중에 있다. 금융기업이 비용절감을 위해 리플 프로토콜을 사용하는 이상 사라질 이유는 없으며 XRP는 일반인도 해외송금 등에 유용하게 사용할 수 있기 때문에 쓰임이 있다. XRP가 대중적으로 사용되기 위해선 가격변동성이 낮아져야 할 것이다.

비트코인 캐시
"비트코인의 대안으로 쓰임과 가치가 상승할 것"

비트코인 캐시는 비트코인의 하드포크로 기존 비트코인 사용자를 포함한 1,700만 개 이상의 지갑을 보유한 안전한 암호화폐. 비트코인 캐시는 비트코인과 달리 퍼블릭 블록체인이 아닌 프라이빗 플록체인을 사용하며, 5개의 채굴업체가 경쟁적으로 채굴해 네트워크를 유지한다. 사실상 비트코인 캐시가 비트코인에 더 가까운 이유는 블록사이즈를 유동적으로 늘려 한계 속도를 극복하고 수수료를 낮추기 때문이다. (비트코인은 비트코인 코어 개발진의 반대로 블록사이즈를 많이 늘리지 않았다.) 비트코인 캐시는 비트코인으로 할 수 있는 모든 일이 가능하며, dAPP 구축을 위해 스마트 계약을 가능하게 만들 계획이다. 블록속도가 느려도 안전성과 사용자가 많아 쓰임을 지닐 가능성이 높기 때문에 비트코인 캐시는 살아남을 것이다. 현재 23개 이상의 거래소에서 거래되며 37개 이상의 사업영역에서 사용되기 시작한 암호화폐.

이오스
"이더리움의 대안으로 쓰임과 가치가 상승할 것"

이오스는 이오스 소프트웨어라는 오픈소스 블록체인 확장 응용 플랫폼에서 사용되는 암호화폐. dAPP 개발자가 이오스를 기반으로 만든 dAPP을 운영하기 위해서는 일정량의 이오스를 보유해야 하기 때문에 쓰임과 목적을 지닌다. 더 많은 dAPP이 개발·활성화되면 개발진은 더 많은 이오스를 구매해야 하기 때문에 이는 실질가치를 지닌다. 개발진이 아닌 일반인은 보유한 이오스를 개발진에게 임대해 수익을 얻을 수 있기 때문에 이오스 소프트웨어에 대한 지분이라고 생각될 수 있다. 이오스는 웹어셈블리로 짜여 있어 브라우저에서 쉽게 사용할 수 있으며, 각종 게임, 메신저, SNS 등을 활성화할 수 있는 공간을 지닌다. 현재 33만 개의 지갑을 보유해 비트코인, 이더리움에 비해서는 적은 이용자지만, 기존 이더리움 사용자가 이오스에 이동하는 움직임을 고려하면 사용자가 자연스레 늘어날 전망이다. 이오스의 소프트웨어가 상업적으로 활용될 수 있다면 이오스는 가치 있으며 살아남을 수 있다.

라이트코인

"유럽을 중심으로 실생활 쓰임과 가치가 상승할 것"

라이트코인은 라이트닝 네트워크를 메인넷에서 성공적으로 구동시킨 전망 있는 암호화폐. 라이트닝 네트워크란 블록시간을 기다리지 않고도 거래를 빠르게 성사시키는 기술로 암호화폐 상용화를 앞당기는 기술이다. 라이트코인의 장점은 기술적용이 빠르며 실물경제에서 유용하게 사용되기 시작했다는 점이다. 2018년 4월부터 유럽과 미주를 중심으로 실물경제와 연동되기 시작했다. 각종 소매점뿐만 아니라 온라인 비즈니스 그리고 럭셔리 상품점에서 라이트코인을 비트코인과 함께 받고 있다. 라이트코인 커뮤니티는 타 암호화폐 커뮤니티와 달리 특정 이해관계에 얽혀있기보다 라이트코인의 상용화를 위해 앞장서는 특징을 지닌다. 300만 명 이상의 라이트코인 보유자를 중심으로 안전하고 변동이 적은 결제플랫폼으로 성장해 나갈 가능성이 높다. 만약 독자가 사업을 운영하고 암호화폐로 결제 받을 의향이 있다면 비트코인 다음으로 라이트코인을 받을 것이다.

네오

"중국시장을 중심으로 쓰임과 가치가 상승할 것"

네오는 이더리움, 이오스와 같은 확장 응용 플랫폼이다. 네오의 쓰임과 가치는 이더리움, 이오스와 별반 다르지 않게 dAPP이 활성화되면서 높아진다. 네오가 지니는 특별한 토큰경제와 중국발 암호화폐가 네오의 생존가능성을 높여준다. 네오의 50%는 이사회와 개발자가 보유하고 있으며 이는 블록체인을 부분적으로 관리·통제할 수 있게 만든다. 이 통제 가능한 특징은 네오로 하여금 중국정부와 협조적인 관계를 구축해나갈 수 있다. 예를 들어, 중국정부의 스마트시티 사업에 필요한 블록체인으로 네오를 활용할 가능성이 존재한다. 중국정부의 선택을 받지 않더라도 중국 기반의 dAPP 플랫폼은 네오 블록체인을 채택하고 있으며, 최근 들어 유명해진 온톨로지$_{ONT}$ 또한 네오 블록체인을 기반으로 한다. 네오 프로젝트의 성패는 중국정부와 dAPP 개발진의 선택에 달려있지만, 중국정부가 암호화폐 규제를 완화하고 중국의 우수한 개발진과 dAPP을 네오로 만든다면 이 쓰임과 가치는 상승할 수 있다.

모네로

"음지에서 가장 유용하게 사용될 것"

대중이 간과하는 사실이 있다. 비트코인, 이더리움은 거래내역을 투명하게 공개하기 때문에 이를 범죄행위에 사용하면 경찰·검찰 조사를 철저하게 받는다는 것이다. 따라서 마약거래, 돈세탁, 불법송금, 정치자금 후원 등에 암호화폐를 사용하는 범죄자들은 안전한 블록체인을 기반으로 하지만 거래내역이 공개되지 않는 모네로를 원한다. 모네로는 거래내역이 저장되지만 송금자와 수신자가 공개되지 않아 추적이 매우 어렵다. 모네로는 랜섬웨어와 딥웹 암시장의 마약거래상, 불법

무기 거래상이 비트코인과 함께 결제수단으로 도입한 암호화폐다. 모네로가 암시장 거래의 상당수를 차지하게 된다면 수백조 원의 경제활동을 책임지게 될 것이다. 모네로는 불법 토토, 인신매매, 짝퉁 명품, 불법 복제물, 불법 사채, 성매매 등에 활용되며 앞으로도 이 분야 쓰임을 지니고 살아남을 가능성이 높다. 지케시 ZEC, 버지XVG 등 익명성을 강화한 암호화폐도 많이 존재하지만 현재까지 모네로가 가장 유력하다.

바이낸스 코인
"거의 모든 암호화폐 구매에 사용될 것"

바이낸스 코인은 바이낸스 거래소에서 사용되는 암호화폐로 수수료 지급 등에 사용된다. 바이낸스 거래소가 망하지 않고 경제적인 혜택이 유지된다면 바이낸스 코인은 살아남을 것이다. 바이낸스 거래소는 800만 명 이상의 회원을 보유하고 세계 2위의 거래량을 자랑하는 최고의 거래소다. 이는 법정화폐와 전혀 연결되지 않고 오직 암호화폐만을 거래하게 해 전 세계 사용자를 불러들였다. 바이낸스 코인은 크게 3가지 쓰임을 지닌다. 첫째, 수수료를 바이낸스 코인으로 지불하면 할인혜택이 적용된다. 둘째, 바이낸스에 자사 암호화폐를 상장하고 싶다면 일정량의 바이낸스 코인을 소유해야 한다. 셋째, 바이낸스 코인으로 거래소의 미래를 정하는 투표 활동에 참여할 수 있다. 이 때문에 사람들이 바이낸스 거래소를 꾸준히 이용해 거래량이 늘고, 상장하고 싶은 암호화폐가 많아질수록 바이낸스 코인의 가치는 상승할 것이다. 게다가 바이낸스 코인으로 각종 암호화폐를 거래할 수 있는 바이낸스 코인 페어거래가 제공되어 이것으로 거의 모든 주요 암호화폐를 구매할 수 있게 될 것이다.

스팀

"양질의 콘텐츠를 생산·촉진하는 데 활용될 것"

스팀은 스팀잇 SNS 플랫폼에서 사용되는 암호화폐다. 양질의 글 혹은 콘텐츠를 작성한 사람에게 투표, 조회수 등의 지표를 종합적으로 평가해 스팀이라는 암호화폐를 지불한다. 스팀은 좋은 플랫폼을 만들고 싶은 이해관계자를 정교하게 엮어주는 토큰경제를 지닌 암호화폐다. 스팀은 크게 3가지 방식으로 사용될 수 있다. 첫째, 스팀잇에서 좋은 콘텐츠를 보았을 때 투표를 누르면 작성자가 스팀을 받고 사용자끼리 주고받을 수 있다. 둘째, 스팀을 스팀파워로 바꾸면 플랫폼에 대한 영향력을 키우거나 활동량에 따라 스팀을 추가로 보상받는다. 셋째, 스팀을 스팀달러로 교환하면 달러를 기준으로 자산 가치를 유지할 수 있으며 연 10%에 해당하는 이자를 보상받을 수 있다. 즉, 스팀의 가치는 플랫폼에 올라온 양질의 콘텐츠와 커뮤니티 참여도의 가치이며 스팀을 달러가치로 축적하거나, 플랫폼에 대한 영향력을 얻거나, 이자를 받을 수 있어 유용하다.

왈튼코인

"RFID칩을 활용한 물류사업에서 사용되고 성장할 것"

왈튼코인은 사업영역에서 상용화될 가능성이 높은 암호화폐로 물류·재고관리 등에 널리 활용될 것으로 보인다. 왈튼은 공장에서 상점까지 유형의 재고를 생산, 검사, 배송, 유지·보수되는 방식에 블록체인 기술을 접목해 위조품을 방지하고 신뢰를 접목시킨다. 명품가방, 신발, 시계뿐만 아니라 전자제품, 의약품, 유리, 철강 등 건축자재까지 모든 상품의 전달 과정을 추적한다. 왈튼의 물류정보처리 서비스를 이용하고 싶은 기업은 왈튼코인을 구입하면 된다. 기업이 왈튼 서비스를 이용하는 이유는 2가지로 요약할 수 있다. 우선 자체적인 생산, 보관, 검사, 운송,

소매와 관련된 데이터처리 비용을 획기적으로 줄일 수 있다. 그리고 상품의 태그가 고유하고 위조 불가능하게 만들어 기업 상품에 100%에 가까운 신뢰를 부여할 수 있다. 현재 전 세계 공장이 모인 중국을 중심으로 의류, 유리, 스마트카드, 식료품, 택배회사, IOT기업 등에서 시험적으로 사용되고 있다. 왈튼체인은 비즈니스 연계를 목적으로 서비스를 우선 제공하고 왈튼코인은 지불수단으로 활용하고 있다.

코봇토큰

"자동거래가 활성화될수록 쓰임을 갖고 성장할 것"

코봇토큰은 자동거래 봇을 사용하기 위해 필요한 암호화폐다. 코봇플랫폼은 기존 암호화폐 투자자에게 알고리즘 투자라는 새로운 거래방식을 제안한다. 암호화폐 시장은 24시간 운영되는데, 그 시간 동안 쉬지 않고 투자하는 일은 매우 어렵다. 하지만 정교한 알고리즘으로 자동거래하면 24시간 내내 투자가 가능하다. 또한 감정에 휘둘리지 않으며 봇의 유효성을 커뮤니티가 수시로 검증하기 때문에 믿을 수 있다. 코봇토큰은 코봇플랫폼이라는 확실한 사용처에서 3가지 쓰임을 지닌다. 첫째, 코봇토큰을 충전·차감식으로 봇을 이용하고 수익금의 일부를 자동 환급한다. 둘째, 코봇토큰으로 에뮬레이터에 나타날 투자지표, 시세예측 등의 보조도구를 구입할 수 있다. 셋째, 자신이 필요한 알고리즘을 봇으로 만들어줄 개발자에게 외주개발을 부탁할 수 있다. 모든 거래를 스마트 계약으로 진행하니 전 세계 불특정 다수와 믿고 거래할 수 있으며, 자산을 거래소에 둔 채 봇으로 거래할 수 있으니 자산이 사라질 위험성도 없다. 극심한 손해를 본 투자자는 수동거래에 대한 불안감이 크다. 자동거래에 대한 수요가 늘어나 코봇플랫폼의 봇을 사용하는 사람이 증가할수록 코봇토큰은 쓰임과 실질가치를 지니며 미래에도 살아남을 것이다.

사라질 암호화폐

쓰임이 없을 암호화폐란 단순하게 생각해도 된다. 이 글을 읽고 있는 당신이 직접 사용하지 않을 암호화폐는 다 쓰임과 가치가 없다. 필요하지도 않고 쓰임도 거의 없는 8종을 소개한다.

여행 서비스 암호화폐

한때 여행 시 사용될 암호화폐 ICO가 유행이었다. 해외여행 시 환전의 번거로움이나 비싼 해외 카드결제 수수료 문제를 자체 토큰의 도입으로 해결한다는 주장이 있었기 때문이다. 자체 토큰을 구입하면 호텔, 음식점, 카지노 등을 이용할 수 있다고 말한다. 그러나 냉정하게 보자. 현재 환전과 해외결제에 심각한 어려움을 겪고 있는 상황은 아니다. 그리고 자체 암호화폐를 받아줄 호텔, 음식점, 카지노가 있다면 이들은 비트코인, 라이트코인이 아닌 이름도 알려지지 않은 토큰을 받을 인센티브가 전혀 없다. 암호화폐로 결제 가능한 곳이 있다면 비트코인, 라이트코인, 비트코인 캐시, 리플을 받을 가능성이 크다.

광고 서비스 암호화폐

광고 서비스를 제공하고 그 대가를 암호화폐로 지불하게 하는 것이 있다고 한다. 하지만 아직까지 암호화폐 변동성이 높고 사용처가 적은 상황에서 암호화폐로 광고료를 지불하고 받으려는 이해관계자는 없을 가능성이 높다. 기존 서비스를 사용하면 수수료가 발생하지만 예측가능한 법정화폐가 통장으로 입금된다. 지급받은 암호화폐 가치는 오를 수도 있지만 떨어질 수도 있다. 수요가 없는 상황에서 새로운 서비스를 제공하는 것은 리스크가 높은 시도이며, 실패하면 그 사업의 암호화폐는 쓰임이 없다는 것을 인지해야 한다. 그리고 광고 서비스의 암호화폐를 독자가 '사용'할 일은 없을 것이다. 사용할 일 없는 암호화폐는 절대 구입하지 마라.

보험 서비스 암호화폐

생명보험, 손해보험 등 보험사와 데이터기업, 보험소비자 등 3자가 고객의 건강데이터를 자유롭게 유통·활용하고 보상·수익을 자동처리하는 것을 말한다. 암호화폐로 고객의 건강데이터를 교환할 수 있다는 말이다. 그러나 이러한 서비스가 유효하게 활용되기 위해서는 이용자, 즉 병원, 보험사 등이 나타나야 한다. 더 중요한 것은 이런 고객들이 암호화폐로 구매할 데이터가 있어야 하는데, 블록체인을 사용하면 개개인이 직접 등록해야만 한다. 이 때문에 등록해주는 개인이 없다면 서비스가 만들어지지 않는 현상이 나타난다. 그리고 서비스가 없으면 구매자도 없는 악순환이 생겨날 수 있다. 정말 정교하게 설계된 토큰경제와 사업적인 역량이 없다면 기존 건강데이터와 보험사와의 이해관계를 바꾸지 못할 것이다.

대출 서비스 암호화폐

암호화폐로 대출이 가능한 플랫폼이 존재한다고 한다. 신용이 낮은 사람이나 없는 사람도 암호화폐를 대출해주는 것이다. 그러나 이 사업구조는 문제가 많다. 보통 비트코인, 이더리움 등 기축 암호화폐를 담보로 잡고 그에 상응하는 토큰을 빌려주는 것인데, 유동성이 좋고 아무 거래소에서나 쉽게 현금화가 가능한 암호화폐를 담보로 잡는 게 이상하다. 게다가 암호화폐는 가격변동성이 크다. 이는 사업자 입장에도 그리고 대출자 입장에도 큰 부담으로 다가올 수 있다. 이는 온라인 사채사업이라고 불러도 될 정도의 불확실성을 지닌다. 더 심각한 리스크가 있다. 전 세계에 흩어진 암호화폐 사용자에게 투자를 하는데, 본사가 싱가포르라고 했을 때 아프리카에 있는 사람이 대출하고 갚지 않는다면 회수할 방법이 거의 없다. 암호화폐 시장이 상승세면 대출자가 손해를 본다. 암호화폐 시장이 하락세면 사업자가 손해보고 파산하는데 이는 다시 대출자의 손해로 돌아갈 수 있다. 결국 암호화폐로 저신용 대출자가 대출서비스를 받을 수 있다는 이상주의자의 허상에 불과하다.

도박 서비스 암호화폐

스포츠 토토, 카지노 등을 암호화폐로 진행하는 서비스도 존재한다. 이런 서비스도 비트코인, 이더리움이 아닌 사이트 고유의 암호화폐를 사용할 이유가 없다. 최근에 ICO를 마친 U암호화폐는 플레이어가 게임을 주최·제어하고 수익을 가져간다고 말한다. 하지만 애초에 사이버머니로 도박한 다음, 이에 가치를 부여한다는 것은 폰지사기로 끝날 가능성이 높다. 게다가 온라인 카지노는 조작현상이 매우 빈번한 서비스다. 실제 카지노에서 칩이 가치 있는 이유는 칩 1개가 특정가격을 지니고 이를 카지노가 보증하기 때문이다. 그러나 온라인 카지노의 암호화폐는 그 가치를 누구도 보증해주지 않는다. 이 때문에 열심히 게임을 해서 번 칩의 가치가 1억 원에서 1,000만 원까지 급격하게 변화한다면 사용하지 않을 것이다. 대부분의 도박용 암호화폐는 구성이 잘못되었고, 정부로부터 제재 받을 가능성이 다분하다.

채굴 서비스 암호화폐

채굴업체 중 ICO에서 자체 암호화폐를 발행하여 자금을 모은 후, 또 다시 채굴하여 발생한 수익을 나눈다는 기업이 존재한다. 그러나 이는 3가지 치명적인 문제를 지닌다. 첫째, 채굴장을 실제로 설치하고 운영하는지 온라인으로는 확인할 수 없다. 둘째, 채굴된 암호화폐에 대한 지분을 돌려주는 방식은 폰지사기가 가능한 구조다. 셋째, 만들어진 암호화폐가 쓰임과 가치를 지닐 가능성이 전혀 없다. 보통 다단계 형식의 채굴업체는 채굴기에 대한 지분을 가진 다음에 일정량의 비트코인이나 이더리움을 지갑으로 전송받는다. 이런 형식이면 눈감아줄만 하다. 비트코인, 이더리움을 보내주고 자체 암호화폐를 발행하지 않기 때문이다. 그러나 채굴 서비스를 암호화폐로 제공한다는 업체의 암호화폐는 단순한 기념주화에 지나지 않다. 암호화폐로 제공되는 채굴 서비스는 법적인 보호와 처벌이 불가능하기 때문에 구매하지 않는 것이 당연하다.

연예인 서비스 암호화폐

연예인·콘텐츠를 특정 연예인의 암호화폐로 제공하는 기업이 있다. 보통 이런 서비스는 2가지 형태로 제공된다. 첫째, 연예인 발굴·성장 프로젝트에 암호화폐로 투자하여 발생되는 고유 암호화폐를 지니면 배당금을 준다. 둘째, 연예인이 만들어낸 콘텐츠를 암호화폐로 구입하게 한다. 이 서비스의 문제점은 간단명료하게 설명할 수 있다. 우선, 연예인을 발굴하고 키우는 작업은 천문학적인 돈, 지식, 경험, 시간이 필요하다. 연예인은 돈을 많이 쓴다고 성공하는 게 아니기 때문에 실패 가능성이 매우 높다. 그리고 만약 수익이 발생한다고 해도 고유 암호화폐에 배당금을 줄 방법이 없다. 암호화폐 소유자가 일본, 중국, 홍콩에 있고 연예인이 한국에 있다면 무엇으로 어디에 송금해줄 것인가. 또한 연예인이 만든 콘텐츠를 암호화폐로 구입하게 한다는데, 이것이 원화나 달러 신용카드로 결제되면 암호화폐를 쓸 이유가 없다. 이를 구입하면 사기를 당한 것과 다르지 않다.

게임 서비스 암호화폐

요즘 게임 업계도 암호화폐 발행에 나서고 있다. 이 중에서 인기 많은 게임을 보유한 대기업이 발행한 암호화폐가 전망 있다. 게임과 아이템을 오직 자체 암호화폐로만 거래할 수 있게 한다면 그 암호화폐는 가치가 있다. 그러나 어느 게임회사가 자체 암호화폐로만 게임을 판매할까. 암호화폐를 발행한 대다수의 게임은 사용자와 매출이 전혀 증명되지 않는다. 보통 게임회사에서는 모바일 VR게임을 다운받아서 게임하면 암호화폐를 채굴할 수 있고, 이렇게 발생한 암호화폐를 사용자 간 거래할 수 있다고 이야기한다. 여기에 문제점은 게임이 재미없으면 이용자도 없으며, 자연스럽게 게임에서 채굴한 포인트도 유용하지 않게 된다는 것이다. 게임회사는 아이템을 팔아서 돈을 번다. 사용자 간 너무 많은 거래가 발생하면 게임회사는 이윤이 떨어질 수밖에 없다. 게임에 암호화폐를 발행해서 운영한다는 것은 배보다 배꼽이 큰 것이다.

살아남을 1%를 찾아라
사라지는 99% 금융회폐